民族国家进程中的近代大学

从尊经书院到国立四川大学

万涛·著

四川大学出版社

项目策划：陈克坚
责任编辑：陈克坚
责任校对：高庆梅
封面设计：璞信文化
责任印制：王　炜

图书在版编目（CIP）数据

民族国家进程中的近代大学：从尊经书院到国立四川大学 / 万涛著．— 成都：四川大学出版社，2021.3
ISBN 978-7-5690-3946-7

Ⅰ．①民… Ⅱ．①万… Ⅲ．①四川大学－校史－研究－近代 Ⅳ．① G649.287.11

中国版本图书馆 CIP 数据核字（2020）第 213106 号

书　名	民族国家进程中的近代大学：从尊经书院到国立四川大学
著　者	万　涛
出　版	四川大学出版社
地　址	成都市一环路南一段 24 号（610065）
发　行	四川大学出版社
书　号	ISBN 978-7-5690-3946-7
印前制作	四川胜翔数码印务设计有限公司
印　刷	四川盛图彩色印刷有限公司
成品尺寸	170mm×240mm
印　张	11.25
字　数	169 千字
版　次	2021 年 3 月第 1 版
印　次	2021 年 3 月第 1 次印刷
定　价	58.00 元

版权所有 ◆ 侵权必究

◆ 读者邮购本书，请与本社发行科联系。
　电话：(028)85408408/(028)85401670/
　(028)86408023　邮政编码：610065
◆ 本社图书如有印装质量问题，请寄回出版社调换。
◆ 网址：http://press.scu.edu.cn

四川大学出版社
微信公众号

目 录

导　论　民族国家与近代大学学术史掠影……………………（1）

第一章　近代大学的历史语境………………………………（17）
　　第一节　王朝崩塌与民族国家进程………………………（17）
　　第二节　构建民族国家的大学理想………………………（23）

第二章　四川大学的创建：书院改制与近代大学诞生………（34）
　　第一节　"仰副国家，造就通才"…………………………（34）
　　第二节　国家主义的教育理想……………………………（42）

第三章　四川大学的"国立化"：民族国家统一的手段和象征
　　……………………………………………………………（48）
　　第一节　四川军阀割据下的大学…………………………（49）
　　第二节　国民政府入川与教育部整顿川大………………（60）
　　第三节　任鸿隽校长的改革………………………………（68）

第四章　"大后方"中的四川大学：民族国家复兴的种子……（82）
　　第一节　大学迁徙到大后方………………………………（83）
　　第二节　国民政府对大学的全面控制……………………（89）
　　第三节　大后方中的国立四川大学………………………（96）

第五章　民族国家进程中近代大学呈现的特质……………（107）
　　第一节　救亡与启蒙的双重变奏…………………………（107）
　　第二节　国家与学术的互动纠缠…………………………（118）

第三节　自由与控制的张弛博弈……………………………………(124)

第六章　近代大学的困境与启示……………………………………(132)
　　第一节　民族国家利益与学术使命之间的两难困境…………(133)
　　第二节　国家主义教育理想及其现实意义……………………(142)

结　语…………………………………………………………………(147)

附　录…………………………………………………………………(150)
　　附录一：龙晦先生关于国立四川大学之"口述史"资料……(150)
　　附录二：龙达瑞先生关于父亲的回忆录………………………(155)
　　附录三：1902—1945年四川大学历任校长一览表……………(163)
　　附录四：四川大学各重要阶段院系设置一览…………………(164)
　　附录五：国立四川大学1931—1949年学生人数统计…………(165)

主要参考书目…………………………………………………………(167)

后　记…………………………………………………………………(169)

导　论　民族国家与近代大学学术史掠影

一、关于民族国家的研究

(一) 关于民族国家的产生、性质和发展

学界较统一的看法认为，民族国家是在中世纪的废墟之上产生的。15世纪末，欧洲封建制度逐渐衰落，无数被分割的封建领地在历经数个世纪的迁徙融合之后，形成了一批所谓的新"民族"。随着历史的发展，一种按照民族特性建立的政治共同体成了历史发展的新趋势。

关于民族国家的性质，安东尼·吉登斯（Anthony Giddens）的概括较为全面。他认为：民族国家同以往的政治单位有着本质的区别，它不仅为政治共同体找到了"民族"这个天然凝聚力的基础，而且创造了一种全新的社会组织形式。民族国家因此同以往的国家在性质上有了根本的区别。民族国家的特性还表现在：在明确划定的领土内拥有最高权威，没有任何的内外部竞争者；它是国内唯一可以合法使用暴力的机构，武装力量、监狱、警察、法庭等暴力机关只属于国家，其他个人和机关无权使用；领土内的居民要效忠并服从国家；主权是民族国家的主要内核，民族国家力量的来源其实就是依赖其境内的人民对于国家的认同和对于使用垄断暴力的支持。因此，"民族国家存在于这样的联合体之中，它其实就是统治所需要的制度体系，它对已经划定边界或者国界的领土实施行政的垄断，它的统治靠法律以

及对内外部暴力工具的直接控制而得以维护"①。民族国家"在一个划定界限的区域内享有最高管理权,有暴力垄断的支持,并且作为国民对国家最低限度的支持或效忠的结果,这种政治机器享有合法性"②。

关于民族国家的具体产生和发展,学者们认为可以划分为几个阶段。③

第一个阶段是 17 至 19 世纪初的资产阶级革命浪潮。英国、法国、荷兰等率先完成了向民族国家的转变。特别是法国大革命,不仅对于法国转变为民族国家起到了关键作用,而且对传播民族主义以及促进欧洲国家向民族国家转变深具影响。

第二个阶段是 19 世纪中叶到 20 世纪初。在法国大革命的影响下,民族主义思潮在欧洲占据主流地位。民族主义既要求民族统治下的民族独立和主权,又寻求把众多分裂为小邦国的民族统一起来,形成一定规模的民族国家。意大利和德意志就是这类典型,成为 19 世纪中叶民族国家形成高潮的代表。除此以外,巴尔干各国也取得了民族国家的地位。第一次世界大战后的欧洲,民族国家已经成为基本国家形式。在法国大革命的直接影响下,美洲在 19 世纪上半叶掀起了独立浪潮,并使民族国家体系扩展到了整个美洲大陆。

第三个阶段是在第二次世界大战以后。亚洲、非洲和大洋洲掀起了非殖民化和民族解放的浪潮,大批国家纷纷独立并取得了民族国家的地位。在国际组织的有力推动下,民族国家体系扩展到全世界。目前,民族国家已成为国际关系中基本的政治单元和组织形式。

---

① 吉登斯. 民族—国家与暴力 [M]. 胡宗泽,赵力涛,译. 北京:生活·读书·新知三联书店,1998:147.
② 赫尔德,麦克格鲁,戈尔德布莱特,等. 全球大变革——全球化时代的政治、经济与文化 [M]. 杨雪冬,周红云,陈家刚,等译. 北京:社会科学文献出版社,2001:62.
③ 郭少棠. 民族国家与国际秩序:西方政治现代化的路 [M]. 北京:首都师范大学出版社,1998:16.

（二）民族国家理论的代表人物及主要内容

本尼迪克特·安德森（Benedict Anderson）、埃里克·霍布斯鲍姆（Eric Hobsbawm）和安东尼·史密斯（Anthony Smith）等人都是研究现代民族国家政治的著名学者。

关于民族国家产生的实质，有"主观"和"客观"两种倾向。安德森认为，民族国家是一个根本没有依据的"想象的共同体"（an imagined community），所谓一个民族休戚与共的情感，在他看来，不过是印刷资本主义在特定疆域内重复营造的"想象"[1]。

霍布斯鲍姆也类似地把一个民族的传统当成是1870年后西方国家为巩固既有政治秩序而进行的一连串"发明"。他认为，民族国家认同的基础是某种所谓的"本质性"（essential）的存在，认同的过程是一种本质性的建构过程。真实的情况是：民族国家并非自然发生、本质不变的人群的聚合，也并没有任何一个族群拥有纯净的血缘与一致的文化。之所以接受国家认同，是因为特定的时空下，民族国家这个组织有凝聚大众、安内攘外的功能。所以，民族国家认同完全区别于传统的建立在血缘、种族乃至语言和历史文化认同之上的集体认同[2]。

史密斯虽不反对民族国家是一种"国家建构"（nation building），但他认为，这个"想象的共同体"并不是完全出于想象和虚构。在他看来，任何一个特定民族国家的起源往往都要借用"族群"（ethnic community）认同并把它当成一种资源。他认为其实"族群"本质既不是原始发生，也不完全是人的主观想象，而是由介于二者之间的历史经验及象征性的文化活动（如语言、习俗、宗教）凝聚而成。如果进行定义的话，它就是"一群拥有与其他群体不同历史记忆、起源神

---

[1] 安德森. 想象的共同体——民族主义的起源与散布[M]. 吴叡人，译. 上海：上海人民出版社，2005：57—58.

[2] 霍布斯鲍姆. 民族与民族主义[M]. 李金梅，译. 上海：上海人民出版社，2000：6—7.

话、生活文化与共同家园的人群"①。在中世纪，族群间或根本不知对方之存在，或征战不休，随着天灾、战争、宗教等活动影响，族群生灭起伏不定。直到中世纪晚期，若干较强大的族群将邻近弱小族群纳入进自己的势力范围而形成"族群核心"(ethnic cores)。

关于民族国家的建构过程及其与传统的关系，有学者认为，新崛起的民族国家往往借助于教育、税收或者是武力等手段来使境内乃至近邻的其他较弱小的族群服从，进而使得一个统一的民族国家得以形成。历史表明，民族国家的建构都无一例外地借用了大量的"传统"，并且具有自己的特殊的大众神话及文化传统。在这些集合性符号的"制造"过程之中，如种族、宗教、语言以及文化认同等都成了重要资源。当一个全新的民族国家被解释为有着悠久历史和神圣的、不可置疑的起源的共同体时，民族国家历史所构成的"幻想的情节"才被认为是曾经发生的真实存在。通过这种熏陶和规训，民族国家神话被内化为民族国家成员的心理和情感的结构。②

民族国家还被视为文化民族国家和政治民族国家的统一体。一方面，民族国家被视为某些基本要素如血缘、地域、语言、宗教、文化等的文化民族国家；另一方面，民族国家又需要借用这些要素，并将其融入一个新的历史范畴而成为拥有主权和政权的政治民族国家。霍布斯鲍姆认为："虽然存在民族主义原型的地方，近代民族主义的进展便可较为顺利，即使二者之间有很大的差别亦无妨，因为他们可以以近代国家或近代诉求为名，来动员既存的象征符号和情感。"据此，他理解现代意义的民族国家与原型"民族"之间关系的要点，不仅仅在于将民族国家理解为"想象的共同体"，连"民族"本身也是相当晚近的人类发明，即"并不是民族创造了民族主义和国家，而是

---

① 史密斯. 民族主义——理论、意识形态、历史 [M]. 叶江，译. 上海：上海人民出版社，2011：13.
② 安德森. 想象的共同体——民族主义的起源与散布 [M]. 吴叡人，译. 上海：上海人民出版社，2005：12.

民族主义和国家创造了民族"[①]。

二、关于近代中国民族国家建构的研究

学界关于近代中国民族主义和民族国家的研究可谓汗牛充栋，这里择其主要成果作一概述。

第一，对中国近代民族主义思潮的通论性、专门性进行的研究。如罗福惠的《中国民族主义思潮论稿》[②] 主要探讨了中国民族主义思想的历史源头、过程、传统及其意义，重点研究了近现代中国民族主义思想的嬗变及其发展，认为中国民族共同体的确认在于秦汉时期，明清最终形成，19世纪下半叶达成共识，20世纪初期经历了保守派和革命派之间的系列斗争后逐渐走向成熟，至20世纪20—40年代更为稳健，并随政党政治的发展，表现为国共两党民族主义的分流，最终中国共产党民族主义占了上风。唐文权的《觉醒与迷误——中国近代民族主义思潮研究》[③] 从思想的发展演化方面对中国近代民族主义进行了梳理，并论述了近代经济民族主义的勃兴以及文化民族主义的律动。胡涤非在其博士论文《近代中国政治变迁中的民族主义》[④] 中将民族主义置于近代中国政治变迁的框架中，讨论了二者之间的互动关系，认为晚清时期的民族主义已呈现出多元化趋势，有种族民族主义、文化民族主义和政治民族主义，而晚清政府的覆灭是在民族主义催化之下发生的。他认为，辛亥革命后，民族主义发生了结构性的变化，其中种族民族主义逐渐弱化。在文化民族主义和政治民族主义之间的激烈论争中，政治民族主义最终占据了主导地位。中国国民党建立了南京政府并逐渐扩大了民众基础，并与大众的民族主义情绪相融合，最终取代北洋政府，建立了中华民国，形式上完成了国家的

[①] 霍布斯鲍姆. 民族与民族主义 [M]. 李金梅, 译. 上海：上海人民出版社, 2000：9.
[②] 罗福惠. 中国民族主义思想论稿 [M]. 武汉：华中师范大学出版社, 1996.
[③] 唐文权. 觉醒与迷误——中国近代民族主义思潮研究 [M]. 上海：上海人民出版社, 1993.
[④] 胡涤非. 近代中国政治变迁中的民族主义 [D]. 上海：复旦大学, 2004.

统一。

第二，对某一类型思潮或某一时段具体问题进行的研究。如杨思信在其博士学位论文《文化民族主义与近代中国》[①]中，把近代中国文化民族主义分为初兴、发展和高涨几个主要阶段。他认为文化民族主义的高涨在20世纪20年代，并论述了五四运动之后文化民族主义的发展——本位文化派和新儒学派等。王春霞的博士学位论文《"排满"与民族主义》[②]讨论了从革命派的"排满"口号和斗争目标到策略的改变，考证了"排满"的理论源泉，并从以汉族为中心的国史解读、"排满"的行动等几个方面对"排满"的思想和实践进行了阐述。高翠莲的博士学位论文《清末民国时期中华民族自觉进程研究》[③]对"中华民族"这个现代民族符号从族体形态和社会力量主观建构层面进行讨论，解释和说明了中华民族自觉进程的曲折复杂和独特性。邓文初在其博士学位论文《民族主义之旗——近代中国革命与国家转型》[④]中指出，传统中国是一个由多民族构成的文明体系和帝国国家形态。近代中国成功地避免了帝国国家解体的危机，而且还保持着强大的连续性，从清王朝经中华民国到中华人民共和国，基本疆域保持着完整，国内多民族结构也得以保存。他从民族主义与国家转型关系的角度，认为保持这种完整性和连续性的主要原因是列强在华力量的均势造成"中国"作为一个国家实体得到认可，自晚清以来的对外均势外交、弱国外交的运用，民族主义在中国革命运动中被作为一种旗号和权力争夺的策略。

第三，关于历史人物民族思想的研究。张汝伦在《现代中国思想研究》[⑤]中分别介绍了梁启超、章太炎、孙中山等人的民族思想，认为梁启超和章太炎是近代中国民族主义的奠基者。在梁启超那里，民

[①] 杨思信. 文化民族主义与近代中国 [D]. 北京：北京师范大学，1999.
[②] 王春霞. "排满"与民族主义 [D]. 南京：南京大学，2003.
[③] 高翠莲. 清末民国时期中华民族自觉进程研究 [M]. 北京：中央民族大学出版社，2007.
[④] 邓文初. 民族主义之旗——近代中国革命与国家转型 [D]. 杭州：浙江大学，2005.
[⑤] 张汝伦. 现代中国思想研究 [M]. 上海：上海人民出版社，2001.

族主义和国家主义内涵基本是同一的。梁氏认为中国的独立和发展，必须形成现代民族国家，就一定要培养国人的政治能力。与梁启超有所不同的是，章太炎的民族主义变为既是反帝国主义又是反清王朝的。章太炎的思想为当时的革命党人提供了依据，并为革命党人及其活动产生了重要影响。孙中山的民族主义则在辛亥革命前后有所不同。前阶段主要是"反满"，吸收了不少传统的"排满反满"的一些思想资源。后一阶段，孙中山的民族主义才有了很多新的创新，孙中山开始认识到更重要的是反对帝国主义。李国祁所著的《近代中国思想人物论——民族主义》[①] 一书也重点论述了孙中山、梁启超和章太炎等人的民族主义思想。郑大华、邹小站主编的《中国近代史上的民族主义》[②] 一书收录了一些有关民族主义和近代思想史的研究成果。黄克武的《一个被遗弃的选择：梁启超调适思想之研究》[③] 则围绕《新民说》来研究梁启超的启蒙思想。李育民在《论孙中山的民族国家构想》[④] 中，认为孙中山的民族国家构想是其民族主义臻于完善的标志。白贵一《从"政治国家"到"民族国家"：孙中山国家统一的路径转换》[⑤] 一文认为，不管是在建国顺序上还是在建国的内容上，政治国家和民族国家都有所不同。在近代中国王朝向国家的转变中，孙中山一直希望通过其政治革命来实现民族国家和政治国家相结合的目标。但是，正是因为孙中山民族国家利益和政治国家理想的冲突导致他在政治国家的实践中屡屡遭到挫折和失败。李德民在其硕士学位论文《试论蒋介石的民族主义（1927—1937年）》[⑥] 中，对国共两党及主要领导人的民族观进行了研究。夏宏在《白话文运动中的民族国

---

① 李国祁. 近代中国思想人物论——民族主义 [M]. 台北：时报文化出版事业有限公司，1980.
② 郑大华，邹小站. 中国近代史上的民族主义 [M]. 北京：社会科学文献出版社，2007.
③ 黄克武. 一个被遗弃的选择：梁启超调适思想之研究 [M]. 北京：新星出版社，2006.
④ 李育民. 论孙中山的民族国家构想 [J]. 史学月刊，2002（2）：51-59.
⑤ 白贵一. 从"政治国家"到"民族国家"：孙中山国家统一的路径转换 [J]. 贵州社会科学，2009（9）：46-51.
⑥ 李德民. 试论蒋介石的民族主义（1927—1937年）[D]. 长沙：湖南师范大学，2007.

家问题探究》①一文中则主要论述了历史语境中，白话文运动是建构现代民族国家的重要内容。在民族国家的建构过程中，民族方言俗语改造书面语言是欧洲和东亚诸国抵抗传统帝国的语言宰制的形式。冯夏根的《文化关怀与民族复兴：罗家伦的思想人生》②概述了罗家伦的民族理论贡献以及他对民族、民族性的构成要素、形成过程及近代民族国家的建立与类型等民族基本理论问题的阐释，也使他成为我国民族理论的奠基人之一。吕文浩在《论潘光旦民国时期的中国民族观》③中则对民国时期民族学家的学术思想进行了论述。

第四，海外汉学界的相关研究成果也极为丰富。约瑟夫·阿·列文森（Joseph R. Levenson）的《梁启超与中国近代思想》④认为梁启超看到西方文化的价值，所以在理智上疏远本国文化传统，但他在感情上仍然与本国传统相联系。为了解决历史与价值之间的矛盾，梁启超的做法是把西方文化中有价值的东西纳入经过他重新思考的中国文化传统之中。列文森的观点虽然遭到了学者们的质疑，然而他仍然看到了中国近代知识精英在西学与中学之间的一种矛盾心态和选择。张灏的《梁启超与中国思想的过渡（1890—1907）》⑤则试图将儒家思想看成传统的中国人的信仰，并以此作为分析梁启超思想的宏大历史背景，他着重讨论了梁氏的改良主义、国家主义、新民思想，分析了梁启超思想中的传统与西方思想的演变，也展示了近代中国知识分子面对民族危亡的无限纠结。本杰明·史华慈（Benjamin Schwartz）

---

① 夏宏. 白话文运动中的民族国家问题探究[J]. 江汉大学学报（人文科学版），2010（6）：53—57.

② 冯夏根. 文化关怀与民族复兴：罗家伦的思想人生[M]. 北京：人民出版社，2009.

③ 吕文浩. 论潘光旦民国时期的中国民族观[M]//中国社会科学院近代史研究所. 中国社会科学院近代史研究所青年学术论坛（2002年卷）[M]. 北京：社会科学文献出版社，2002：763—783.

④ 列文森. 梁启超与中国近代思想[M]. 刘伟，刘丽，姜铁军，译. 成都：四川人民出版社，1986.

⑤ 张灏. 梁启超与中国思想的过渡（1890—1907）[M]. 崔志海，葛夫平，译. 南京：江苏人民出版社，1995.

在《寻求富强：严复与西方》① 中认为，严复是最早将西方自由思想直接引入中国的思想家，但是严氏在"搬移"的过程中丢失了个人自由和尊严这些自由主义终极价值，表现了将个人价值追求让位于国家独立与富强的急切愿望。社会达尔文主义在中国从"文化主义"向"民族主义"的转变中起到了关键性作用，而且改变了中国知识分子世代追求的道德目标。国家富强成为中国知识界的直接目标。强调个人能力的提升构成严复思想的核心，制约了他的自由主义理念。史华慈认为，严复仅仅将民主与自由视为提升个人能量、实现国家富强的手段，而西方自由民主的理念是建立在"个人是社会的目的"这一价值观念基础之上的。

除以上所述外，另有一些学者将近代重要人物的民族国家思想与民族政策相结合进行研究。如李国栋对晚清时期的边疆少数民族危机进行了研究②，详细阐述了孙中山、蒋介石的民族主义思想，并以此为线索，重点对民国政府的民族政策进行了较为系统的研究。日本学者松本真澄的《中国民族政策之研究——以清末至 1945 年的"民族论"为中心》③ 一书，考察了 nation、nationalism、ethnic 等词汇，并将其应用于晚清时期的中国，把汉族与其他少数民族之间的融合以及认同差异等进行了分析，并把它作为清末立宪派和革命派之间认识上和情感上斗争的依据。杜赞奇的《从民族国家拯救历史：民族主义话语与中国现代史研究》④ 则把关注点放在了 20 世纪初期的中国，着重研究了民族国家、民族主义与线性进化史观之间的密切关系。此书还探讨了近代萌芽中的民族是如何接受西方启蒙历史的叙述结构，

---

① 史华慈. 寻求富强：严复与西方 [M]. 叶凤美，译. 南京：江苏人民出版社，2010.
② 李国栋. 民国时期的民族问题与民国政府的民族政策研究 [M]. 北京：民族出版社，2009.
③ 松本真澄. 中国民族政策之研究——以清末至 1945 年的"民族论"为中心 [M]. 鲁忠慧，译. 北京：民族出版社，2003.
④ 杜赞奇. 从民族国家拯救历史：民族主义话语与中国现代史研究 [M]. 王宪明，高继美，李海燕，等译. 南京：江苏人民出版社，2009.

并用它建构一个从远古向现代发展的民族主体。费正清等人更是从民族主义的视角解读了中国近代教育的产生和发展，认为民族主义是认识近代中国教育的切入点，并由此分析近代中国教育制度与民族国家发展的关系、国家主义教育取向的缘由。

三、关于中国近代大学的研究

（一）关于国家主义与教育关系的研究

国家主义范畴在政治学、社会学里研究比较充分。这里主要集中在国家主义与教育关系上开展评述。

在《中国教育思想通史·第五卷（1840—1911）》[①]里，设专章对余家菊、李璜、陈启天等人的国家主义教育思想进行了介绍，重点对国家主义教育思想的来源、演变和发展进行了分析与评价。《中国教育思想史》[②]着重阐述了余家菊国家主义教育思想中的教育方针、教育政策、爱国主义教育等内容。总之，教育思想史中对国家主义教育思想的介绍都比较简略，不甚详细，真正完整系统介绍国家主义教育思想的著作还是余家菊本人的《国家主义教育学》[③]及余家菊与李璜合著的《国家主义的教育》[④]二书，对余家菊的思想脉络、教育主张、教育策略、爱国主义教育等阐述得十分详尽，是研究余家菊及19世纪20年代的国家主义教育思想的必备参考书。

在发表的期刊论文方面，最具总括性和代表性的如下：

石中英在《20世纪教育中的国家主义：回顾与讨论》[⑤]一文中认为，欧洲民族国家形成时产生的国家主义教育理想，是中国20世纪

---

① 王炳照，阎国华. 中国教育思想通史：第5卷（1840—1911）[M]. 长沙：湖南教育出版社，1994.
② 孙培青，李国钧. 中国教育思想史：第2卷 [M]. 上海：华东师范大学出版社，1995.
③ 余家菊. 国家主义教育学 [M]. 上海：中华书局，1925.
④ 余家菊，李璜. 国家主义的教育 [M]. 上海：中华书局，1923.
⑤ 石中英. 20世纪教育中的国家主义：回顾与讨论 [J]. 教育学报，2011（6）：3—13.

教育理想的直接来源，它与当时中国特殊的历史背景有关，与欧洲的国家主义教育思想相互辉映。国家主义教育理想对欧洲影响巨大，对20世纪的中国，其影响更是全方位、支配性的。在近代中国的各个历史阶段，国家主义教育的内容和性质是有差异的，有所不同。国家主义教育理想在中国演进的过程中出现了与个人主义、国际主义、平民主义等方面的矛盾和冲突，也引发了不同时期关于它们之间关系的论争。今天，国家主义教育理想是否就偃旗息鼓了呢？其实不然，欧美等国的国家主义教育思潮在复苏，对于当前我国的教育改革而言，国家主义教育理想仍然有强调的必要，有其发展的合理性和现实意义，但是在坚持国家主义教育理想的同时要注意融合世界主义，要负担世界主义的责任和关怀，要注意全球责任心、同情心的培养。

吴洪成《试论近代中国国家主义教育思潮》[①] 一文试图从不同学科的角度，分析近代中国国家主义思潮和国家主义教育学派产生的原因，对不同人物的相关思想进行了比较，对国家主义教育学的理论内容进行了较为详细的分析和阐述。文章对李璜、余家菊等人的思想演变脉络进行了详细的考证，并指出了国家主义教育思潮对近代中国教育的影响以及在今天的历史借鉴意义，包括对国家主义教育思潮的客观评价等。

杨春时在《中国现代化进程中的民族主义和国家主义》[②] 一文中则认为，近代中国的民族国家发展和现代化进程中，民族主义和国家主义往往交织在一起，没有特别的区别。它们的共同任务都是建立一个独立富强的现代中国。文章还对近代中国的民族主义和国家主义的历史流变进行了分析，指出民族主义和国家主义对于中国近现代化的重要意义，但是也必须警惕二者局限性带来的危险，因为德国、日本

---

① 吴洪成. 试论近代中国国家主义教育思潮 [J]. 河北大学学报（哲学社会科学版），2007 (4)：59—65.

② 杨春时. 中国现代化进程中的民族主义和国家主义 [J]. 海南师范学院学报（人文社会科学版），2002，15 (1)：20—24.

在两次世界大战中的危害已经引起全世界对于民族主义和国家主义的历史反思和高度的警惕。

高力克《中国现代国家主义思潮的德国谱系》[①] 一文分析了德国国家主义对近代中国的影响,他认为近代中国对德国国家主义有较大的亲近感,主要源于两国历史有相似之处,特别是战败的危机感。近代中国的几次国家主义思潮都以德国的国家主义作为榜样和启发,也和德国一样,与自由主义天然紧张,总之,德国国家主义对近代中国的影响力是不容低估的。

(二) 关于中国近代大学的研究

有关中国近代大学的著述和论文更是蔚为壮观,涉及大学创建历史背景、学制、学科、管理、教师流动、大学文化等。学者们从不同侧面和角度对中国近代大学进行了研究,这里只能择其典型进行介绍。

第一,从书院改制与高等教育近代化角度看。一些高校将校史上溯到了书院,由此便涉及如何看待中国古代高校形式的问题。东西方古代高等教育是两个基本相互隔绝的不同体系,用西方的高等教育模式来衡量中国古代高等教育,是否符合中国实际、是否恰当值得讨论。即使承认书院是近代高校的前身,近代学堂与古代书院在教学的内容和形式以及管理等方面有着本质的区别。[②] 许美德指出:"西南联合大学在最困难的形势和环境下进行运转,其重要而突出的学术地位说明了美国与德国的学术传统与中国传统书院的多元价值观在某种程度上显示了有机的结合。"在他看来,正是欧美现代学术价值观与中国书院传统结合造就了战争困苦环境中的西南联合大学[③]。刘少雪

[①] 高力克. 中国现代国家主义思潮的德国谱系 [J]. 华东师范大学学报(哲学社会科学版), 2010 (5): 9-18.

[②] 刘海峰. 高等教育史研究三探 [J]. 高等教育研究, 1997 (1): 72-77.

[③] 许美德, 潘乃容. 东西方文化交流与高等教育 [M]. 南京: 南京师范大学出版社, 2003.

的《书院改制与中国高等教育近代化》[①] 一书，比较详细和全面地分析了书院被废除、新式学校产生以及新教育制度创建的过程。作者认为，晚清政府先后颁布的废除书院改建学堂的诏令，最终使书院这一延续数百年的教育机构在晚清"数千年未有之大变局"的形势下，成了历史名词。以西方近代学校制度为范本的各级新式学堂，在被废除的旧书院基础上，通过随后颁布的新学制和科举废除诏令，在中国逐步建立和完善起来，具有近代西方资本主义教育性质的学制系统在中国初步形成。近年来谈论书院与教育的文章越来越多，涉及高等教育、研究生教育、民办高校以及办学理念、教学法、学习法、教学管理等方面，显示出人们希望从书院得到启发的强烈愿望。[②]

第二，从大学起源和发展特点角度看。刘志文在《自主与依附的抗争：中国高等教育百年发展道路》[③] 一文中分析了依附理论在教育领域中的应用特点，作者采用历史结构分析的方法，从历史背景、制约力量、目标取向、发展线索等方面，对中国高等教育百年发展道路进行了分析，得出"自主与依附的抗争是中国高等教育百年发展的基本特征"的结论。裴云的《近代大学难以起源于中国之原因分析》[④] 认为，西欧相对宽松的政治氛围促进了大学的发展，中国强大的封建专制制度让大学难以获得发展的空间。中国教育的完整性体现在两个方面：一是教育体系本身已经形成了，二是统治阶级完全地控制了教育。因此，近代中国没有大学产生的土壤。西欧教育的残缺性和教育难以适应社会的需要，反而促进了新教育形式即大学的产生。王李金在《中国近代大学创立和发展的路径——从山西大学堂到山西大学

[①] 刘少雪. 书院改制与中国高等教育近代化 [M]. 上海：上海交通大学出版社，2004.
[②] 邓洪波，周月娥. 八十三年来的中国书院研究 [J]. 湖南大学学报（社会科学版），2007（3）：31—40.
[③] 刘志文. 自主与依附的抗争：中国高等教育百年发展道路 [J]. 清华大学教育研究，2004（3）：16—22.
[④] 裴云. 近代大学难以起源于中国之原因分析 [J]. 汕头大学学报（人文社会科学版），2003，19（3）：77—84.

(1902—1937) 的考察》① 以山西大学为研究对象，以中国近代大学教育为宏观背景，在廓清基本史实的基础上研究山西大学堂的教育方针与决策权等问题。

第三，从大学制度文化角度看。周谷平、张雁的《中国近代大学理念的转型——从〈大学堂章程〉到〈大学令〉》② 一文认为京师大学堂虽有大学之形却无大学之实。所谓的"形"是指京师大学堂从日本间接移植了现代大学制度，并引入相关教学内容，但名不符实，并没有摆脱传统的影响，仍然是一个旧式官僚养成所。这一点在1902年的《钦定京师大学堂章程》乃至1904年的《京师大学堂章程》均有所体现，直到民国初年蔡元培主持制订的《大学令》颁布，中国近代大学才开始向现代转型。

周谷平、郭晨虹的《近代大学制度化发展与大学知识人心态变迁——以北京大学为例（1917—1937）》③ 认为，北京大学在1917—1937年间见证了中国近代教育体制转型，为20世纪后的学科发展形态奠定了基本范式。大学出现科层化发展的趋势，传统知识分子的身份也开始发生转变，对现行体制和权力的批判或认同、对自身精英或大众的定位与选择等都构成了这一转变的必然结果。

张正峰在《中国近代大学教授治校制度的特点分析》④ 一文中提出教授治校是我国近代大学的一项重要制度。少数精英设计的教授治校制度，在政府主导下，其实现也主要是依靠少数精英，但它是一种代议制度，本身也具有先天局限性，这是我们今天应该注意的。

舒新成的《中国近代教育史资料》，潘懋元、刘海峰主编的《中

---

① 王李金. 中国近代大学创立和发展的路径——从山西大学堂到山西大学（1902—1937）的考察 [M]. 北京：人民出版社，2007.
② 周谷平，张雁. 中国近代大学理念的转型——从《大学堂章程》到《大学令》[J]. 高等教育研究，2007，28 (10)：97–103.
③ 周谷平，郭晨虹. 近代大学制度化发展与大学知识人心态变迁——以北京大学为例（1917—1937）[J]. 高等教育研究，2010，31 (2)：93–99.
④ 张正峰. 中国近代大学教授治校制度的特点分析 [J]. 清华大学教育研究，2008 (6)：74–78.

国近代教育史资料汇编·高等教育卷》，朱有瓛编《中国近代学制史料》，璩鑫圭、唐良炎编《中国近代教育史资料汇编》等，都是研究近代大学制度变迁的必备工具书，从中可以找到近代大学发展的基本历史脉络。

（三）涉及四川高等教育的研究

隗瀛涛主编的《四川近代史稿》[①] 收录了四川高等教育初创时期的资料，对近代知识阶层与四川保路运动作了论述，对四川新知识分子与四川近代化之间的关系也作了一定的探讨，但该书只写到1919年五四运动，对其后的四川高等教育史料没有收录。

王东杰著《国家与学术的地方互动：四川大学国立化进程（1925—1939）》[②] 从政治、文化的视角对四川大学国立化和四川人的民族国家观念和地域认同、四川军阀与四川地方政治进行描述和解读。作者广泛搜集、梳理考校清季民国四川各类历史文献，尤其是四川、重庆等地档案，清季民初的四川地方报刊以及民国刊印的部分学校校史、校刊等大量史料，使得该书资料丰富、史论可靠，是以社会文化学方法研究区域史的一大亮点。但该书研究时间仅限于20世纪20—30年代的四川。王东杰的另一宏著《建立学界　陶铸国民——四川大学校长任鸿隽》[③] 对任鸿隽的科学救国及任氏对四川大学的改革进行了较为详细的叙述。

凌兴珍著《清末新政与教育转型——清季四川师范教育研究》[④] 一书是近年来区域教育史研究领域不可多得的具有重要参考价值的成

---

① 隗瀛涛. 四川近代史稿 [M]. 成都：四川人民出版社，1990.
② 王东杰. 国家与学术的地方互动：四川大学国立化进程（1925—1939） [M]. 北京：生活·读书·新知三联书店，2005.
③ 王东杰. 建立学界　陶铸国民——四川大学校长任鸿隽 [M]. 济南：山东教育出版社，2012.
④ 凌兴珍. 清末新政与教育转型——清季四川师范教育研究 [M]. 北京：人民出版社，2010.

果。该书运用历史学、教育学与社会学理论与方法，对清季四川师范教育作翔实考察，内容涉及四川官绅对师范教育的认知、规划与举措，对川边民族师范等各种类型师范教育的设置、师范教育的课程等具体内容，作者都进行了分类研究和动态考察。

第一章　近代大学的历史语境

当世界历史悄然迈入"近代"的门槛，一个重大而典型的标志是"民族国家"这一新的人类社会组织形式和政治单元取代"王朝"和"帝国"。这种政治单元以民族文化认同为基础，结合体现国家权力的一系列制度模式，对内实现合法统治，对外呈现政治主权。它随资产阶级革命成功和资产阶级兴起滥觞于欧洲，并随资本主义在世界的传播扩散而形成民族国家世界体系。

当西方列强用坚船利炮敲开了清王朝的大门，随着一个个不平等条约的签订，这个东方国家被迫开启了由王朝向民族国家转变的进程。通过教育实现救亡图存，通过教育建构民族国家，通过教育实现民富国强，这已经成为当时的政治精英和知识精英的一种共识。德国和日本因为教育，尤其是近代高等教育而崛起的神话，更是刺激着精英们的神经。因此，建构民族国家的教育体系和近代大学制度成为精英们的重要使命。

第一节　王朝崩塌与民族国家进程

在世界近代历史的主线索中，民族国家进程显得突出而又清晰，它是世界进入"近代"的标志。当欧洲民族国家兴起的时候，东方古老的王朝也受到强烈的冲击。鸦片战争后，随着一个个不平等条约的签订，清王朝逐渐崩塌。甲午战争的失败、《辛丑条约》的签订，使古老中国的政治精英和知识精英们认识到，只有构建一个和西方一样的"民族国家",才能与列强抗衡。

一、民族国家的兴起及其世界体系的建立

民族国家诞生于近代欧洲,《威斯特伐利亚和约》从法律上确立了欧洲众多封建诸国的主权,按民族特性建立起一种新的政治共同体形式,越来越成为历史潮流和趋势。随着资本主义经济的发展和资产阶级革命的推动,到了18世纪末19世纪初,民族国家已在资本主义世界体系确立。

(一)民族国家的内涵及特性

"民族—国家"(nation-state)是"民族"(nation)和"国家"(state)的结合,是将自然的"民族"与人为的"国家"两种实体、两种要素、两种结构和原则相结合,它强调了国家权力和民族性相结合这一基本特征,不仅为政治共同体找到了"民族"这个天然凝聚力的基础,而且创造了一种全新的社会组织形式,同以往的王朝国家在性质上有根本的区别。

民族国家"在一个划定界限的区域内享有最高管理权,有暴力垄断的支持,并且作为国民对国家最低限度的支持或效忠的结果,这种政治机器享有合法性"[1]。其特性还表现在:在明确划定的领土内拥有最高权威,没有任何的内外部的竞争者;它是国内唯一可以合法使用暴力的机构,武装力量、监狱、警察、法庭等暴力机关只属于国家,其他个人和机关无权使用;民族国家是领土界限内的唯一效忠对象,在该地域居住的居民,都必须服从和忠诚于这个特定的共同体;民族国家是一种拥有主权的政治单位,它真正的力量来源是人民的自觉认同和对垄断暴力的支持。

---

[1] 赫尔德,麦克格鲁,戈尔德布莱特,等. 全球大变革——全球化时代的政治、经济与文化[M]. 杨雪冬,周红云,陈家刚,等译. 北京:社会科学文献出版社,2001:62.

尽管在现代英语中 nation 与 state 经常混用，但 state 侧重于国家含义的政治层面，指在一定领土范围的合法统治及权力机构——政府，即对外表现之主权；而 nation 则偏向于国家含义文化心理层面，指在同一政府治理下的共同历史、文化、习俗的国民或公民；也就是"国家"离不开"民族"，而"民族"亦需要"国家"。国家需要民族的认同，民族的理想是建立一个单一或多民族（大民族）的国家。当二者体现出一种政治、文化上强烈的排他性的时候，就成了民族主义（nationalism）或国家主义（nationalism），两词几乎可以互换。

民族国家、民族主义、国家主义紧密互动。简单说来，民族主义是民族愿望和理想的体现，基本点是维护本民族的利益；国家主义是要求个人利益服从国家利益，基本点是国家利益至上。仅有一个民族的情况下，民族主义就是国家主义。如果把多个民族看作一个统一的大民族的情况下，民族主义还是国家主义。在近代，民族国家需要民族（国家）主义以实现对内凝聚力量和维护统一、对外宣示主权之目的。

（二）民族国家世界体系的建立

1648 年《威斯特伐利亚和约》不仅承认了荷兰、瑞士的独立，更从法律上承认了神圣罗马帝国境内 300 个诸侯国的主权。世界主权的中心原则简单明确，一块领土的统治者应该决定领土内的宗教。从此民族国家随着资产阶级兴起和资产阶级革命成功滥觞于欧洲，并随资本主义的传播而扩散到全世界。

17 至 19 世纪初的资产阶级革命浪潮使英国、法国、荷兰等国率先完成了向民族国家的转变。特别是法国大革命，对传播民族主义以及促进欧洲国家向民族国家转变起到了关键作用。

民族主义既要求民族统治下的民族独立和主权，又寻求把众多分裂为小邦国的民族统一起来，形成一定规模的民族国家，意大利和德意志成为 19 世纪中叶民族国家形成的代表。美洲在 19 世纪上半叶爆发了独立浪潮，并使民族国家体制扩大到整个美洲大陆。除此以外，巴尔干各国也取得了民族国家的地位，到20世纪初，民族国家已经成为西方各国的基本政治单元。

二、挽救王朝的努力与民族国家的启蒙

当西方列强用坚船利炮打开清王朝的大门，从鸦片战争开始，清王朝逐渐沦为列强的半殖民地，成为列强瓜分的对象。

在这种境况下，王朝开始分崩离析，大批仁人志士意识到古老的中国面临"数千年未有之大变局"。尤其是甲午海战的彻底失败，从王公贵族到地方士绅都意识到了中国面临亡国灭种的危险。

在前所未有的危机中，古老中国的民族主义开始激活，"华夏"受到威胁，清王朝统治下的人民感到一种空前的被奴役和消灭的压力与恐惧。由此，拯救王朝成了晚清统治者及士大夫们最迫切的使命。

面对列强的欺凌与瓜分，一批"觉醒"之士开始意识到必须向西方学习。他们认为，只需要学习西方的先进技术，就能实现富国强兵、与列强抗衡、挽救清王朝的目的。于是提出"中学为体，西学为用"的主张，并大举兴办"洋务"，制造先进武器，建立一支强大的新式军队。

于是，在19世纪50—60年代，曾国藩、李鸿章、左宗棠等人积极办工厂、开矿山、建船厂、造洋枪洋炮，以期实现富国强兵，拯救王朝。

然而，甲午中日战争的彻底失败给清朝朝野极大的震动。历来被视为"蕞尔小国"的"东夷"日本，在明治维新后学习西方，迅速实现富国强兵梦，打败中央帝国。残酷的现实，促使一批先进的中国人进行深刻的反思。他们不再纠结于"道""器"之争，逐渐从"中学为体，西学为用"转向抛弃"体""用"之争。

魏源、严复等人通过翻译西方著作，让国人了解到西方与东方不同的政治制度，民族国家理念及学说开始在中国得到传播。一大批青

年留学日本，也直接受到民族主义和国家观念的洗礼。

康有为、梁启超、郑观应等都积极宣传新的民族国家观念，认为唯有建立民族国家才可能真正拯救中华于亡国灭种之危机，他们主张建立一个君主立宪制的新型民族国家。孙中山则在海外成立兴中会，主张建立一个民主共和制的民族国家。拥有主权、人口、民族、领土、外交的近代民族国家形态，不管是君主立宪还是民主共和，都完全不同于封建王朝模糊的"天下"和"帝国"。

近代中国的自我意识之一是中国"无国"。"无国"的伤怀与"亡国"的恐惧同为晚清以来中国政治论说的基调："我支那人非无爱国之性质。其不知爱国者，由不自知其为国也"，"故吾常言，欲救中国，当首令全国人民知国家为何物也"。[①]要言之，流行于清季民初的"无国"之论，一种是从种族主义观点就异族入主中原而言，另一种是以现代民族国家为标准，就中国人只有"朝廷"而无"国家"而言。前者召唤的是种族革命，后者期待的是"国家建构"。

从革命党人以种族革命为政治革命的前提的策略考虑和革命后"五族共和"的政治实践来看，两种"无国"之叹的目标都是从传统的王权国家转为现代民族国家。

正是在列强入侵打破了中国中心观，条约制度取代朝贡体系，天朝国家体系日益崩溃的背景下，具有平等国际法地位的现代主权国家的形象才为敏感的国人所发现。梁启超率先提出"国与国相峙而有我国"的观点："国家者对外之名词也。使世界而仅有一国，则国家之名不能成立。故身与身相并而有我身，家与家相接而有我家，国与国相峙而有我国。……循物竞天择之公例，则人与人不能不冲突，国与国不能不冲突。国家之名，立之以应他群者也。故真爱国者，虽有外国之神圣大哲，而必不愿服从于其主权之下，宁使全国之人流血粉身

[①] 梁启超. 爱国论 [M] //梁启超. 饮冰室合集：第 4 册. 上海：中华书局，1936：65.

靡有孑遗，而必不肯以丝毫之权利让与他族。"①

晚清王朝在变革的潮流和内外交困的现实中被迫决定实施"新政"：派代表团到西方考察，宣布"立宪"，实行立宪政体，鼓励工业、商业，废除科举，实施新式教育，史称"清末新政"。

1904年，张之洞等上书废除科举制度而改办新式学堂，光绪帝批准《奏定学堂章程》，第二年历时1300年之久的科举制度完全废止，取而代之的是仿照日本和西方的学校教育制度。"清末新政"建立君主立宪政体以挽救王朝的目的没能实现，但是科举制度的废除切断了读书人入仕为官的通道，传统社会结构进一步瓦解。

随着报刊、电报、邮政等新信息交流媒介的出现、商业的发展和新的交通方式的出现，更由于新式学堂和近代大学产生了一批新型知识分子，使民族国家的观念得以迅速传播，并逐渐深入普通民众，得到民众的认同。一个"想象的共同体"——新的民族国家，逐渐被清晰地建构起来。

三、王朝崩塌与民族国家演进

当"清末新政"还未完全推行之时，辛亥革命爆发，各省纷纷宣布独立，王朝顷刻间崩塌瓦解。

1912年1月，孙中山在南京宣布成立中华民国临时政府，颁布《中华民国临时约法》，并出任临时总统。一个新的资产阶级民主共和国诞生了。

中华民国是一个按照西方政体建立的不同于清王朝的近代民族国家，尽管它还未完全实现统一和对全国的统治，但它是一种新的政治组织形式即民族国家。

中华民国的建立，宣布沿袭几千年的封建制度崩塌。但是，辛亥

---

① 梁启超. 论国家思想[M]//李华兴，吴嘉勋. 梁启超选集. 上海：上海人民出版社，1984：219.

革命的果实很快落到北洋军阀袁世凯手中，民族国家实现内求和平、外争主权的使命远未实现。也就是说，民族国家的建设任务只是一个新的开始，民族国家的建构进程还在路上。

在内忧外患远未解除的困窘局面下，需要一个可以应对时局的权威政府，即需要一个具有高度合法性和有效性的中央集权政府，以此来化解因传统帝国体系崩溃瓦解后出现的权威危机。

然而事实是，在迈入民族国家进程和建设的时候，中国社会不但没有形成一个新兴的主导力量，反而在军阀割据下陷入四分五裂的割据状态。就这种情势而言，以袁世凯为首的北洋军阀政权由于缺乏必要的合法性和有效性，不但无法担负起近代民族国家建设的重任，反而因其政权内在的传统属性而致使国家持续衰败。

因此，从近代中国的民族国家建设和进程的历史逻辑来看，迫切需要一个新兴的现代化属性的主导力量来有效地对整个国家和社会进行整合、动员和治理，从而把中国引入一个现代民族国家建设的理性进程，国家主义也因此而甚嚣尘上。特别是近代大学制度的引入和创生，"其根本源自清末世界观的转变，新的世界观合法化了现代民族国家模式，使得民族国家的构建被视为国家富强的重要途径。而支撑现代民族国家模式的各种信念又直接或者间接地使人民理所当然地相信，学校教育制度是造就人才、实现国家富强的重要工具"[①]。

第二节 构建民族国家的大学理想

在王朝崩塌和民族国家进程开启的历史语境下，从"天下"到"国家"的历史转型中，如何培养"国民""国家"意识而摒弃"臣民""家庭"意识？如何实现对内凝聚人心，维护国家秩序、统一和

---

① 陈学军. 世界、民族国家与现代学校：重思我国学校教育制度的产生[J]. 教育学报，2009（5）：26—33.

富强，对外彰显主权，与列强抗衡？从张之洞到严复、从康有为到梁启超、再到孙中山，无一例外地都将目光转向了教育。通过教育实现民富国强，通过教育建构现代民族国家，已经成为当时的政治精英和知识精英的一种共识。

民族国家的教育体系特别是现代大学制度成为民族国家建设最重要的组成部分。因此，"清末新政"中，光绪帝颁布诏令废除书院，兴建普及全国的新式学堂，并在全国各省兴办以西方大学制度为蓝本的高等学堂。新政虽然没有挽救清王朝灭亡的命运，但是建立民族国家的教育体系、建立民族国家的近代大学制度的进程并没有中断，为民族国家培养新的国民和建设人才的进程一直在进行中。

近代大学制度从一开始就被寄予救亡图存的使命。然而，来自西方的近代大学制度，虽然与中世纪大学有极为深厚的渊源，但是它的复兴与发展是和西方民族国家的兴起与发展分不开的。也就是说，近代西方大学制度是西方民族国家世俗教育体系的一部分，它是为民族国家利益而存在的。所以，"清末新政"后如雨后春笋般建立起来的高等学堂不可能挽救清王朝灭亡的命运。

但是，日本和德国因为教育而崛起的神话，极大地鼓舞了中国的政治精英和知识精英，他们确立了自己的目标和理想，那就是：作为民族国家教育体系的一部分，为构建一个强大的民族国家而兴办近代大学。

一、德国、日本因高等教育而崛起的神话

1806年，拿破仑的军队在耶拿把普鲁士德国军队打得一败涂地，并强迫其签订了屈辱的《提尔西特和约》，哈勒大学也被拿破仑强行关闭。外敌入侵与"合约"的耻辱，激发了德意志人民的民族意志，费希特的演讲正是德意志要求从文化上的民族主义转化为政治上的民族主义，寻求建立一个统一而强大的民族国家的时代呼声。

正当普鲁士国王威廉三世欲重振河山进行改革之际，被关闭的哈

勒大学校长和教授向国王请求，在柏林重建大学。国王欣然同意并大力支持，且讲下那段经典的话语：正是因为贫困，所以要办教育，我还没听说过哪一个国家是因为办教育穷的、因为办教育而灭亡的。柏林大学应运而生，教育也承担起振兴民族精神、恢复国家元气的重任。历史证明，柏林大学果然不负众望，发展成为19世纪欧洲乃至世界的教育文化中心，成为世界各国学习的样板。也正是被大力鼓吹和培养的国家主义精神，促进了普鲁士各邦的团结和认同。德国在1871年普法战争中打败法国，建立起统一的德意志帝国并迅速成为欧洲大陆的新兴国家。德国通过教育和大学崛起的神话，给以蔡元培为代表的中国教育界、知识界深刻的启示和影响。

在亚洲，日本在明治维新之后，通过"脱亚入欧"、"和魂洋才"、森有礼教育改革和天皇颁布的《教育敕语》，确立了以天皇制为基础的国家主义教育体制。一个东方小国迅速崛起并敢于挑战世界秩序，在甲午战争、日俄战争中取得胜利并使国家地位得到很大提升。

德国和日本因教育而崛起的国家神话，尤其是普鲁士德国将柏林大学作为为民族国家崛起服务的经典案例，强烈地刺激着近代中国政治精英和文化精英的神经。以大学作为民族国家建构的途径，通过大学实现国富民强的理想，深深地扎根于精英们的脑海中。

二、国家主义成为近代大学的历史底色

所谓国家主义的教育，众说不一，大致包括两方面含义：一是主张教育是国家的工具，教育对内在于保持国家安宁与谋求国家进步，对外在于抵抗侵略，延存国脉；二是认为教育是国家的任务和责任，教育的实施应完全交由国家办理、经营，国家对教育不宜持放任态度。国家主义教育思想的主旨在于以国家为中心，加强民族国家观念

的教育来实现国家的统一和独立。①

20世纪中国教育界的国家主义思想也并非中国的特产，而是与其政治思想、文化思想一样是地道的"舶来品"。从源头上说，国家主义教育思想在古希腊和我国古代西周时期就出现了，是古代国家培养国家意识、维护统治秩序的思想工具。柏拉图在《理想国》中就称赞斯巴达的国家教育制度，反对雅典将教育事务交给私人。我国古代《学记》也教导国家统治者"君子如欲化民成俗，其必由学乎"，"古之王者，建国君民，教学为先"。然而，中国20世纪国家主义教育思想并不是对上述古代思想的继承，而是直接来源于18—19世纪欧洲民族国家形成并依赖的国家主及其教育思想。②

让我们再进一步梳理一下近代国家主义教育思想的脉络。③

（一）从拉夏洛泰的《论国民教育》到费希特的《告德意志民族的演讲》

对近代中国国家主义教育者产生巨大影响并被常常提及的，莫过于拉夏洛泰的《论国民教育》和德国费希特的《告德意志民族的演讲》。

法国的拉夏洛泰（1701—1785）在《论国民教育》一书中将批判直接指向了耶稣会教育，提出"法国民族需要一种只依靠国家的教育"，认为"教育的中心目的是：培养对国家的忠诚、团结和对国家尽忠的能力"，从而对国家和西欧各国现代世俗公共教育制度的建立产生了深远影响，被认为是现代国家主义教育思想的奠基作品。④

在德国哲学史上，费希特（1762—1814）有上承康德、下启黑格

---

① 孙培青，李国钧. 中国教育思想史：第3卷［M］. 上海：华东师范大学出版社，1997：349.
② 石中英. 20世纪教育中的国家主义：回顾与讨论［J］. 教育学报，2011（6）：3-13.
③ 石中英. 20世纪教育中的国家主义：回顾与讨论［J］. 教育学报，2011（6）：3-13.
④ 吴式颖. 拉夏洛泰及其《论国民教育》［J］. 北京师范大学学报（社会科学版），1989（4）：20-26.

尔的地位。但是他被德国家喻户晓的还是他在拿破仑军队占领柏林时，不顾个人安危发表的《对德意志民族的演讲》。在该文中他高度赞美了德意志民族，认为她既是"优秀的天才"又具"深邃的智慧"，"非其他一切民族所能及"。大敌当前，他呼吁全体德意志人，"警惕那些毫无知觉的奴役，因为它会从我们后代那里夺走我们未来解放的希望"，"我们必须立刻成为我们必须成为的那样，即德意志人"。费希特认为，德国战败必须在民族认同基础上进行反省，必须革除"所有其他腐败现象的根源"的"利己主义"，这样才能实现德意志民族的复兴。①

德意志复兴的唯一途径是国民教育。费希特说："我作为维护德意志民族生存的唯一手段提出建议，就是完全改变迄今的教育制度。"② 他认为，旧教育培养的国民是言行不一的利己主义者，而新教育要培养的是言行一致的爱国主义的善良公民。

19世纪下半叶，普鲁士首相俾斯麦凭借开明专制的传统，以"铁血"政策立国，迅速实现民族统一和国家富强，成为后发现代化国家的典范。康有为、梁启超、袁世凯、段祺瑞、孙中山、蒋介石，鲜有不对德国表示欣赏和礼赞者。万里之遥，国人的国家渴望不低于德国；榜样在前，德国成为现代中国"国家想象"的原型之一，而梁启超则是其最早的倡议者。梁启超高度赞扬了费希特《对德意志民族的演讲》，认为"其言鞭辟近理，一字一句，皆能鼓舞人之责任心，而增长其兴会。孟子所谓奋乎百世之上，百世之下闻者莫不兴起也"③。余家菊、陈启天、李璜等主张国家主义教育者，更是对费希特推崇备至。

---

① 费希特. 对德意志民族的演讲［M］. 梁志学，沈真，李理，译. 沈阳：辽宁教育出版社，2003：11.
② 费希特. 对德意志民族的演讲［M］. 梁志学，沈真，李理，译. 沈阳：辽宁教育出版社，2003：14-15.
③ 梁启超. 梁启超清华大学演讲录 为学与做人［M］. 北京：东方出版社，2015：177-178.

(二) 从张之洞的《劝学篇》到余家菊的《国家主义教育学》

诞生于近代欧洲的国家主义及教育理想在19世纪中后期陆续引入中国，被清政府一些官僚和知识分子高度关注，并被看作是应对民族国家危机的一个重要对策。

1860年后，以张之洞为代表的洋务派所兴办的各种新式学堂就体现了一些国家主义的教育思想。他在《劝学篇》中提出"中学为体，西学为用"的文化教育主张，其目的在于保持秦汉以来的中国君主制度和儒家文化的传承。1898年，康有为在《请开学校折》中上书效法德国兴办"国民学"，重视培养学生的国家观念。[①] 1902年，梁启超在《新民丛报》上发表了《新民说》，批判传统教育培养的人虽然"有可以为一个人之资格，有可以为一家人之资格，有可以为一乡一族人之资格，有可以为天下人之资格，而独无可以为一国民之资格"[②]，主张厘定国家主义的教育宗旨，把教育作为培养国民的工具，通过教育造就国家的"新民"。

1907年，《东方杂志》刊登了署名"光益"的《论平民主义与国家主义之废兴》，极力推崇国家主义：

> 今之时代，种族之竞争日烈，龙骧虎视者莫不磨牙吮血，奋其帝国侵略主义……处此时代，苟犹用平民主义，致令国内纷乱，势必鹬蚌相争，渔翁得利，何能自立图存。唯有国家主义盛行，则上下一心，遐迩一体，国人皆相互团结，壮其合群之魄力，发其爱国之精神，然后众志成城，急公仇而缓私仇，先国事而后家事，其国未有不盛，其种未有不昌者也。故欲致和平之幸

[①] 吴洪成. 试论近代中国国家主义教育思潮 [J]. 河北大学学报（哲学社会科学版），2007 (4)：59-65.
[②] 梁启超. 饮冰室文集全编：第1册 [M]. 上海：广益书局，1948：5-6.

福，为伟大之国民，必自尊重国家主义。①

总之，清末国家主义的教育思想，其归宿和出发点都指向改变中国被列强瓜分的命运，以期民族保存、自立于世界民族之林。这同时也使得中国现代化教育制度在刚刚诞生之时就被赋予服务国家的使命，这一使命甚至一直延续到今天。

但是洋务派和维新派倡导的国家主义，还有浓厚的封建色彩，抽掉了西方启蒙思想家阐述的自由、平等、民权等价值基础，"只抽取了对内凝聚民众、对外呈现主权的形式，是一种发育不全的国家主义"②。

20世纪的最初10年，外患内忧，社会动荡，民不聊生。尽管清政府用"新政"试图挽救危亡，采取了一系列变革措施，废科举、兴新式教育、派遣留学生，但仍改变不了封建国家灭亡的命运。以孙中山为代表的资产阶级发动数次革命，终于建立中华民国。新国家的建立，急需国家主义教育培养共和国民来维护和保障新政权的合法性。孙中山在论证"三民主义"和国家主义教育时说："普查古今和现代世界各国生存之道，如果我们想拯救中华民族于水深火热之中，我们就必须发展国家主义……中华民族具有共同的血缘、共同的语言和共同的习俗，但却只有家庭和帮派的概念，而缺乏国家的精神……因此，我们现在才沦为世界上最贫穷、最软弱和最低等的国家。如果我们现在不热切的提倡国家主义，将四万万同胞凝聚成一个强大的国家，我们就会面临巨大的悲剧，国家荒废，民族解体。要阻止这样的危险发生，我们必须大力提倡国家主义，通过培养国家精神来救国家。"③ 这有可能是最早的"教育救国论"，其核心就是国家主义教育理念，即通过培养青少年和广大民众的国家意识和精神来救国家于

---

① 光益. 论平民主义与国家主义之废兴 [J]. 东方杂志，1907（8）：14—16
② 石中英. 20世纪教育中的国家主义：回顾与讨论 [J]. 教育学报，2011（6）：3—13.
③ 转引自石中英. 20世纪教育中的国家主义：回顾与讨论 [J]. 教育学报，2011（6）：3—13.

水火。

到20世纪20年代,民国成立多年,军阀割据混战,社会动荡不安,人民仍处于水深火热之中,这时国家主义及其教育思想更符合广大民众对内安定统一、对外抵御列强的需要,人们对国家主义的推崇,甚至达到宗教般狂热的程度。①

基于国家主义的教育精神,余家菊厘定了国家主义的教育宗旨,提出了教育国家化的政策建议:教育应由国家办理或监督。鉴于当时一些教会学校科目设置、学生招收、教学语言都不受政府控制,甚至有日本人开设的学校还要求学生每天向天皇鞠躬,余家菊等人主张收回国家教育权,并提出开展国庆日教育、国歌、国旗、国耻教育,注重军事训练等建议,这些成为后来不同时期国家主义教育的基本内容。

由于中国在建构现代国家时一再遭受挫折,国家建构优先于个人自由的德国理念也就一直在中国畅行无阻。在学术思想界,首先是梁启超1903年由自由主义转向国家主义,然后是1931年"九一八"事变后蒋廷黻、丁文江、钱端升等自由主义者在国家危急关头主张新式"独裁"也即梁启超当年的"开明专制";再后来是"战国策派"学人在血火纷飞的40年代热情宣扬"国家主义""集体主义"以鼓舞人民抗战,"抗日救国"成为那个时期教育的最高目标,国家主义达到一个高峰。

总之,尽管20世纪中国教育充满各种形形色色的理论和流派,但是在不同时期都或明或暗、或强或弱、连绵不绝地展现出国家主义教育思想的基调和历史底色。中国近代大学从一开始就被赋予民族国家的使命,被涂抹上国家主义的底色。

---

① 石中英. 20世纪教育中的国家主义:回顾与讨论[J]. 教育学报,2011(6):3—13.

三、"养成硕学闳材，应国家需要"

《奏定学堂章程》颁布，标志着清政府在古代学堂中植入西方大学的尝试，可它却有大学之形而无大学之实。所谓"形"是指移植了大学相关制度，导入相关教学内容，而"实"却依然不改"中学为体"的宗旨。直到中华民国《大学令》颁布，才确立了"以教授高深学术、养成硕学闳材，应国家需要"的宗旨和国家主义取向。

（一）书院改制无法改变王朝终结的命运

《辛丑条约》的签订，迫使清政府在"数千年未有之大变局"下开始实行"新政"。慈禧在逃亡西安时发出变法"上谕"，认为"世有万古不易之常经，无一成不变之治法……盖不易者三纲五常，昭然如日星之照世；而可变者令甲令乙，不妨如琴瑟之改弦"[①]，这表明"新政"的目的仍然在于挽救摇摇欲坠之王朝。为了达到这个目的，除了办工商、练新军之外，教育成了挽救王朝更为重要的手段和工具。1901年，延续数百年的书院制度被废除，传统的书院纷纷改为新式学堂。1902年，《钦定学堂章程》谕旨颁行，成为我国近代第一个现代学制，史称"壬寅学制"。它规定了初等、中等、高等学校学制内容，试图学习西方建立一个新的教育体系，高等教育制度也随之植入。但该学制未及实行，后又由张百熙会同张之洞、荣庆二人修订为《奏定学堂章程》，于1904年颁布，合称《壬寅·癸卯学制》，将高等教育设为高等学堂或大学预科、大学堂和通儒院三级以及达大学专科水准的优级师范学堂、高等实业学堂、译学馆、方言学堂等。

尽管移植了西方和日本的近代大学制度，但是，大学的宗旨仍是"中学为体，西学为用"。张百熙、荣庆、张之洞在《重订大学堂章程折》中奏称：

[①] 朱寿朋. 光绪朝东华录 [M]. 北京：中华书局，1958：460.

> 至于立学宗旨，无论何等学堂，均以忠孝为本，以中国经史之学位为基，俾学生心术壹归于纯正，而后以西学瀹其智识，练其艺能，务期他日成材，各适实用，以仰副国家造就通才，慎防流弊之意。①

大学堂里的科目、课程仍以传统经学为基础，学生仍被视为"举人""进士"，优级师范学堂里的学生被称为"师范科举人"，出国留学则被视为中"洋科举"。

1905年，在中国延续上千年的科举制度被废除，封建王朝的文教制度宣告寿终正寝。科举的废除致使传统的读书入仕的通道被切断，读书人逐渐由政治、社会中心走向边缘，而武人、工商业者、军人等逐渐由边缘走向中心，导致社会更加动荡而分裂。这一历史事件的影响是双重的：一方面，维护王朝的选官制度与王朝政治统治相割裂，与政权发生分离；另一方面，新的西方国民教育体系必然指向新"国民"的培养，即指向一个新的、不同于王朝的现代民族国家。

因此，科举废除、书院改制、近代大学制度的植入，无法改变清王朝崩塌终结的命运。

（二）国家主义教育宗旨的确立

辛亥革命推翻了清王朝。1912年，中华民国成立，蔡元培被任命为教育总长。他主持制定的《大学令》标志中国近代大学的现代转型。

《大学令》首先确立了大学的宗旨，"教授高深学术、养成硕学闳材，应国家需要"。以"国家需要"作为最高宗旨，对大学教育的国家主义取向要求一目了然。

这里的"国家"当然已不再是封建王朝国家，而是新兴的资产阶级民族国家。培养新的"国民"则需要新的教育方针。蔡元培提出了

---

① 舒新城. 中国近代教育史资料：上册[M]. 北京：人民教育出版社，1961：197.

军国民主义、实利主义、公民道德、世界观、美育的"五育"和谐发展的方针以取代"忠君""尊孔",他认为"忠君与共和政体不和,尊孔与信教自由相违"。①

国民政府还先后颁布了《大学章程》《专门学校令》《专门学校章程》等系列高等教育法规,使近代大学制度逐步确立并趋于完善。

蔡元培曾亲身感受过学术在德国的崇高地位,推崇费希特改良大学和用教育挽救民族危亡的观念,将独立的学术研究看作是德意志国家成功的关键。他还以德国柏林大学为蓝本对北京大学进行改造,确立了"研究高深学术"的宗旨和"思想自由,兼容并包"的原则,以及"教授治校的管理体制""文理沟通的教学制度""学术自由的运行机制"②,使北京大学真正成为一所近代中国的"柏林大学"。

需要指出的是,蔡元培认为,柏林大学的学术自由与服务国家的目标是可以完全一致而并行不悖的,与《大学令》中"大学以教授高深学术,养成硕学闳材,应国家需要为宗旨",在本质上是相通的③。

蔡元培在近代中国被人们视为"学界泰斗,人世楷模",也说明国家利益至上的教育思想在那个时代普遍被接受。民国时期的近代大学虽然经历了时代的风风雨雨,却总体上在蔡元培等教育精英奠定的基础之上,在民族国家进程的道路上蹒跚前行。

---

① 高平叔. 蔡元培教育文选[M]. 北京:人民教育出版社,1980:7.
② 董宝良. 中国近现代高等教育史[M]. 武汉:华中科技大学出版社,2007:126.
③ 陈洪捷. 德国古典大学观及其对中国的影响[M]. 北京:北京大学出版社,2006:198.

第二章　四川大学的创建：书院改制与近代大学诞生

正如《四川大学史稿》开篇所言，"作为近现代高等学校的四川大学，植根于山川雄秀、人杰地灵的天府沃土，并为历史悠久、特色鲜明、灿烂辉煌的巴蜀文化所滋润养育"[①]。四川尽管偏处西南一隅，但是晚清出国留洋，特别是到日本留学的青年数量在全国处于前列。辛亥革命前夕，四川士绅的保路运动打响了反抗清王朝的第一枪，直接成为辛亥革命的导火索，为辛亥革命成功立下不朽功勋。这些都与四川近代新学的传播和高等教育的出现息息相关，正是这些改变了四川士林风气，并培养了一批近代知识分子。

第一节　"仰副国家，造就通才"

"清末新政"后，科举制度被废除，新教育机构产生，《钦定学堂章程》颁布，新学堂如雨后春笋般涌现，从小学教育到高等教育的国民教育体系逐步建立。四川地处西南一隅，历来有重视文教的传统，因而四川地方官绅尤其认识到教育对地方走上现代化道路、为民族国家作出贡献的重要性。他们深刻认识到，只有首先发展教育，建设近代大学，才可以使落后的四川赶上东部沿海以及北京、广州等先进地

[①] 《四川大学史稿》编审委员会. 四川大学史稿：第1卷（四川大学　1896—1949）[M]. 成都：四川大学出版社，2006：1.

区的步伐，也才能为民族国家的建设贡献力量。

从张之洞经营具有新学特点的尊经书院，到鹿传霖举办四川中西学堂，再到四川省城高等学堂的创建，四川终于有了自己的高等教育。随着辛亥革命的胜利、民国的建立、《大学令》的颁布，历经成都高等师范学校、成都大学、公立四川大学的创建及合并成立国立四川大学，近代大学制度在四川绅士的积极推动下，在吴玉章、张澜等校长的苦心经营下，终于扎根于四川的土壤，并为四川近代化和民族国家进程作出了贡献。同时也充分证明四川大学的创建发展与民族国家进程的一致性和同步性。

一、张之洞经营四川尊经书院

张之洞是晚清洋务派的代表人物之一。他主张学习西方，实现富国强兵，目的是挽救清王朝的统治。他在《劝学篇》中提出"中学为体，西学为用"的思想，即"以中国之伦常名教为原本，辅以诸国富强之术"。他经营的四川尊经书院和鹿传霖举办的四川中西学堂都为四川传统书院转型为近代大学奠定了基础。

（一）张之洞与四川尊经书院

1874年，直隶南皮人张之洞奉旨出任四川乡试副主考官，同年即任四川学政。他目睹四川教育崇虚去实，积弊太深，决意剔除科举积弊，整顿学风，遂主张"旧学为体，新学为用"以改良教育，培养人才，并在成都创办了新式书院"尊经书院"，希望培养"通博之士，致用之才"，以期"学成而归，各以倡导其乡里后进"，"化名成俗，振兴蜀学"。[①]

尊经书院于1875年春开始行课。张之洞亲自为书院制定了18条

---

① 张之洞. 四川省城尊经书院记[M]//陈谷嘉，邓洪波. 中国书院史资料（下）. 杭州：浙江教育出版社，1998：2237.

章程，包括办学方针、课程设置、教学方法、学生奖惩、师生关系等，并亲撰《輶轩语》《书目答问》作为必读教材，并拟在经史词章之外设立天文地理、算学及格致之学。尽管书院第一任山长（院长）是名儒薛焕，但张之洞仍事必躬亲，为书院费尽心血。两年之后他学政任满，奉命调回京师后，仍为后继学政写了长信，不忘叮嘱其按既定方针办学，并推荐杨锐（戊戌六君子之一）、廖平（经学大师）等人执教书院。廖平的"托古改制"思想，直接被康有为《新学伪经考》《孔子改制考》吸收，成为变法维新的理论基础。

张之洞在四川的时间虽然不长，但时人这样评价他："文襄（张之洞）以读书相号召，重浸五经四史，风气为之一变"，"一时人文蔚起"，"蜀学勃兴矣"。① 隗瀛涛在《四川保路运动史》中有云："在四川，改良主义思想从十九世纪八十年代开始抬头。基地是成都尊经书院。"② 尊经书院在培育人才，整肃四川士林风气，振兴蜀学，传播变法维新思想，培养大批人才方面，在四川乃至全国都产生了良好影响。尊经书院也成为张之洞实现其远大抱负的最初基地，后来他提出废科举兴学堂的主张，与他在四川尊经书院的活动也不无关系。

张之洞经营四川尊经书院的目的，就是要践行他倡导的"新学"，以图通过"新学"挽救王朝国家覆灭的命运。

"新学"改变了四川士林风气，培养了一大批影响四川近现代史的人物，四川的传统知识分子逐渐向近代知识分子转型。③ 这些知识分子逐渐将眼光投向国家民族的命运，具有强烈的民族主义意识，并在四川保路运动中充当了领导力量。四川保路运动吸引了清王朝调集湖北新军镇压，为武昌起义和辛亥革命的胜利作出了贡献。

---

① 丁永刚. 张之洞近代化思想研究［M］. 西安：陕西人民出版社，2007：13.
② 隗瀛涛. 四川保路运动史［M］. 成都：四川人民出版社，1981：89.
③ 隗瀛涛. 四川保路运动史［M］. 成都：四川人民出版社，1981：261.

（二）从尊经书院到四川中西学堂

1898年6月18日，四川总督兼广东巡抚鹿传霖在成都三圣祠街创办了西部地区第一个有高等教育性质的学校——四川中西学堂[①]。

在地理闭塞、深居西部内陆的四川，也建立了一个与京津、长江三角洲并驾齐驱的中西学堂，这在当时是一个石破天惊的创举，也表明四川和京津、江浙、两湖两广一样是清末的一个重要新学中心。四川总督兼广东巡抚鹿传霖是洋务派的重要代表，时人甚至将他与京师大学堂创办者孙家鼐相提并论。

鹿传霖在创办四川中西学堂的奏折中称"讲求西学，兴设学堂，实为今日力图富强之基。川省僻在西南，囿于闻见，尤宜创兴学习，以开风气"，目的在于"讲求实务"，"中外通商，交涉日多，非得通达实务之才，不足以言富强之术"。[②]

学堂设英文科、法学科，兼设数理化等"算学"，使四川中西学堂文理兼备。课程体系由旧式书院经史子集的"四部之学"向文理法商医农工的"七科之学""分科立学"转变，注重西方近代自然科学的学习。校长不再称"山长"，改称"总理委员"，外文教员和自然科学教员多为英、法、日留学归来的教员或沿海入川者。外省籍学生也占学生人数近半。此外，还选派22位学生赴日本和西方国家留学，开创了四川近代赴海外留学之先河。此后四川每年外出的留学生数量之多，居于全国前列。据统计，清光绪三十二年（1906年）四川留学生总数占全国的1/10。由于办学有成，四川中西学堂受到清廷表彰，连谭嗣同创办湖南时务学堂时也公开表明"照四川中西学堂成

---

① 《四川大学史稿》（《四川大学史稿》编审委员会编，四川大学出版社2006年版）以此作为四川大学的创建时间，并认为此时间得到国内几位院校史专家认同。但笔者认为1902年"壬寅"学制的颁布和仿照京师大学堂，合并尊经书院、四川中西学堂，文理兼备的四川省城高等学堂更具近代大学特征。

② 党跃武. 四川大学史话［M］. 成都：四川大学出版社，2017：37.

◎ 民族国家进程中的近代大学：从尊经书院到国立四川大学

例"①。四川中西学堂为四川近代政治、经济、文化、科技发展作出了重要贡献。

二、四川省城高等学堂的创建

清光绪二十八年（1902年）前后，四川总督奎俊奉旨合并四川中西学堂、尊经书院、锦江书院，组建四川通省大学堂，同年改为四川省城高等学堂，校址在成都南较场尊经书院原址，完全仿照京师大学堂成例，为四川最高学府。这是四川近代真正意义上的高等教育产生的标志。

（一）创建背景及依据

清光绪二十七年（1901年）六月，张之洞、刘坤一以《筹议变通政治人才为先折》上书朝廷，提出要学习日本发展新式教育以富国强兵的经验。同年八月，清廷下诏，改革科举制度，废除八股取士。九月宣布上谕，所有书院改为学堂，发布管学大臣张百熙拟定的中国第一个新式学制《钦定学堂章程》，将学堂分为初等教育的蒙学堂、小学堂、高等小学堂，中等教育的中学堂，高等教育的高等学堂、大学堂、大学院共三等七级，高等小学堂以上可以分别取得附生、贡生、举人、进士相对应的资格，史称"壬寅学制"。

《钦定学堂章程》未及实行，又于次年颁布由张百熙、张之洞、荣庆修订的《奏定学堂章程》，将高等教育学段修改为高等学堂、分科大学堂、通儒院，并确定了高等师范学堂和高等实业学堂的设立，史称"癸卯学制"。这个学制颁布后即在全国施行，对学习系统、课程设置、教学方法、教学管理都作了具体规定，是全国新式学堂的指导纲领，也是四川高等学堂属于中国高等教育范畴的法律依据。因此，以1902年成立的四川省城高等学堂作为四川大学确切的前身较

---

① 罗中枢. 四川大学：历史·精神·使命 [M]. 成都：四川大学出版社，2009：39.

有说服力。

（二）"仰副国家，造就通才"之宗旨

在清末全国废科举、兴学堂、颁布壬寅学制的大背景下，四川总督奎俊于1901年上奏清廷，提出仿京师大学堂组建四川通省大学堂，拟即将尊经书院作为四川省城大学堂，而以中西学堂并入。清廷于1902年准奏，同意办四川大学堂。后谕规定除京师大学堂外，各省一律称"高等学堂"，于是改名"四川省城高等学堂"。首任总理（校长）胡峻为进士出身的翰林编修，他非常重视教育，认为"一国之治乱，系乎人才之盛衰，视乎国家之教育"，高等学堂要"仰副国家，造就通才"，[①] 充分表达创办近代大学的目的在于应对国家之治乱，要做"国家之教育"，培养国家之人才。

大学堂的学制和课程多按京师大学堂设置，但有较多西学内容和留日教员。据1906年考入体育科的朱德回忆："那时学校里没有新式教科书，教师们有的靠记忆、有的靠海外留学的笔记本在课堂讲课。""不久对国事就比对正规课程还有兴趣。""尤其喜欢听戴假辫子的教师提倡自由平等、批评旧制度的讲课。""那些人是革命者，我对一切革命的事物都羡慕。"[②]

高等学堂先后培养了不少人才，如朱德、郭沫若、张培爵、张颐、周太玄、蒙文通、李劼人、邹杰、曾琦、魏时珍等近现代名人。[③]

清末壬寅学制与癸卯学制均提倡高等专门教育的发展，遂使专门教育成为高等教育的一个种类。四川总督锡良为了标榜实施新政，推动革新，积极发展工商实业，因此也急需一批专门人才，各专门学堂

[①] 党跃武. 四川大学史话 [M]. 成都：四川大学出版社，2017：54.
[②] 史沫特莱. 伟大的道路——朱德的生平和时代 [M]. 北京：生活·读书·新知三联书店，1979：83-84.
[③] 《四川大学史稿》编审委员会. 四川大学史稿：第1卷（四川大学 1896—1949）[M]. 成都：四川大学出版社，2006：41.

应运而生。1903年，癸卯学制颁布后，各府、州、厅、县普遍设立中小学堂，师资奇缺，尤其缺乏数理化和外语师资。1902年，京师大学堂设立师范馆，四川省城高等学堂也设立了速成师范科和优级师范科，但都不能满足需要。1905年，四川总督锡良在省城设立四川通省师范学堂，地址在皇城贡院东偏的府试院。1906—1910年间，又分别举办了四川法政学堂、四川藏文学堂、四川通省农业学堂、四川工业学堂、四川存古学堂五大专门学堂，这些专门学堂后来都与四川高等学堂融合，成为后来国立四川大学的重要组成部分和源头之一。①

（三）对保路运动和辛亥革命的影响

随着四川高等教育的创建和发展，四川近代知识分子队伍迅速扩大。一批具有近代科学文化知识、睁眼看世界的青年知识分子涌现，与之相应的是留学生运动的兴起。清季留学始于欧美，盛于日本，20世纪初出现高潮，朝野上下"莫不以留学利益相鼓吹来号召……新进知识分子提倡于先，封疆大吏继起于后，一倡百和，风气喧腾于全国上下，于是大家都感觉游学为当今第一要政"②。四川官方派遣留学生始于1901年，首批仅22人，此后风气渐开，除了官费、公费留学生外还出现了大量的自费留学生。

戊戌变法的失败和《辛丑条约》后民族危机，强烈地刺激着四川知识界。然而四川地区浓厚的封建传统气息使他们窒息，感到国内前途渺茫。他们渴望认识世界，走向世界，开始把争取个人前途与"挽救祖国的危亡"结合起来。为了寻找救国救民的真理，他们联袂赴日，进入各类学校学习。邹容、吴玉章、熊克武、雷铁崖等一批叱咤风云的革命家就是此时自费留学日本的。

---

① 《四川大学史稿》编审委员会. 四川大学史稿：第1卷（四川大学 1896—1949）[M]. 成都：四川大学出版社，2006：30-51.
② 陈青之. 中国教育史：下册[M]. 上海：商务印书馆，1936：623-624.

留日学生回国后多数又返回四川，进入四川高等学堂或四川的一些新式学校。四川高等教育的产生和留日学生运动的兴起，不仅使四川近代知识分子队伍数量增加，而且质量也得到一定提高。他们耳闻目睹西方资本主义制度、思想、文化，亲眼看到了日本发展的面貌，加上革命思想的激荡、爱国运动的影响，使他们再也不能安坐书斋，要求改革中国的愿望紧紧攫住了他们的心灵，他们中的激进者纷纷摒弃了清王朝，投身到革命的洪流中。总之，四川高等教育的产生和留日学生潮流使四川知识分子很快地完成了近代转向，而这些新式知识分子中"许多人成为辛亥革命时期资产阶级革命派和立宪派的领导和骨干"[①]。

辛亥革命时期，四川最突出的事件是保路运动。运动形成全川人民的反清起义浪潮，成为武昌起义的前奏。高等学堂校长胡峻和多数师生均卷入此运动，并成立省城高等学堂"保路同志会"，成为运动的生力军。学生尤鸣剑、王天杰等组成同志军为动员全川人民起义，在锦江上投放木牌，上书"成都危急""赵尔丰先捕蒲、罗，后剿四川，各路同志，速起自保自救"等语。木牌传遍沿江各县，各地同志军遂向成都增援，时称"水电报"，颇具传奇色彩。四川各地保路同志会闻讯后迅速起义，吴玉章在四川荣县宣布独立，成为中国第一个宣布脱离清廷而独立的县。全国各地热切响应，并纷纷宣布独立，大清王朝土崩瓦解。因为四川的保路运动，清廷派湖北的新军来镇压，使武昌空虚，辛亥革命方能得以迅速成功。四川保路运动的功劳已成为史学家们的共识。

四川高等学堂师生参加保路运动支援辛亥革命的历史再次证明高等教育制度的植入不能挽救王朝覆灭的命运，从某种意义上说，反倒培养了它的掘墓人。近代大学是与民族国家相符的教育体系，它必然服务于民族国家的构建。

---

① 隗瀛涛. 四川近代史稿［M］. 成都：四川人民出版社，1990：465.

第二节　国家主义的教育理想

辛亥革命令清王朝土崩瓦解，封建帝制覆灭，新的民族国家兴起。中国历史翻开新的一页，政治上的变革也必然会反映到思想文化领域中来。1912年，著名教育家蔡元培担任临时教育总长，主持召开中央临时教育会议，讨论决定新的教育宗旨，颁布《大学令》《大学章程》《专门学校令》《专门学校章程》《师范教育令》《师范教育章程》等一系列高等教育法规，使近代大学制度逐步确立并趋于完善。新确立的学制系统史称"壬子学制"，与清末的"癸卯学制"相比，它确立了大学宗旨，"教授高深学术、养成硕学闳材，应国家需要"成为中国近代大学的最高宗旨。

1912年7月，中央临时教育会议决定全国只在北京、天津、山西设立三所大学，其他各省高等学堂都改为预科，川籍议员赁荣等力争在川设立大学但未被采纳，四川高等学堂由此更名为四川高等学校。但会议决定把全国分为六大学区，每个学区设立一所标志性的高等师范学校，分设于北京、南京、沈阳、武汉、广州、成都，成都师范学堂由此更名为四川高等师范学校。四川高等学校改办为大学之议案既被搁置，以蔡元培为总长的北洋政府教育部遂于1916年5月决定四川高等学校与四川师范高等学校合并，改办为国立成都高等师范学校，学校正式被冠以"国立"之名。

一、吴玉章与国立成都高等师范学校

国立成都高等师范学校发展很快，师资、经费、学生人数都有较快增长。不仅在省内高校中名列前茅，在国内也是较好的。据北洋政府教育部统计，学校专任教师和学生人数仅次于北京高师，名列全国第二；全年经费名列第四，位于北京高师、南京高师和武昌高师之后。1916年还招收了少数朝鲜、越南、匈牙利的外国留学生，开创

四川高校招收外国留学生的先河。在国立成都高等师范学校的历任校长中，吴玉章最为有名。

吴玉章（1878—1966），四川荣县人，老同盟会会员，曾就读于四川尊经书院。1903年赴日留学，后又在法国巴黎大学肄业。辛亥革命中领导四川荣县在全国第一个宣布独立，曾任孙中山秘书。1917年他被北洋政府教育部任命为欧美学务调查员，对日本和西方的高等教育多有了解。吴玉章在1922—1924年任国立成都高等师范学校校长期间，对学校进行了大刀阔斧的改革，取得了较为显著的成绩，其国家主义取向的大学理念也较为突出。

具体说来，吴玉章首先强调学校要"教会人怎样去改造社会，改造中国甚至改造世界"，"吴玉章与同时代的教育家不同之处在于他首先是一个革命家。他把教育当成革命事业的一部分，为革命而兴办教育"。[1] 他兼容并包，大胆使用人才。吴玉章在五四运动以后接受了马克思主义思想，他十分注意聘有新思想的教员来校任教，如马克思主义者恽代英、王右木等。

吴玉章强调高等师范教育的目的是"为国家教育前途储备人才"。[2] 他崇尚科学，积极推崇学习国内外先进经验。他反对学校重文轻理的积习，聘请国内著名的自然科学教授，如化学家张幼房、解析几何学专家夏峋、生物学家黄振国等。鉴于四川交通不便，风气闭塞，吴玉章积极主张派教员赴欧美考察。他在《呈教育部为派员出洋留学以资深造事》中说："欧战告终，世界思潮日新月异，科学进步大有一日千里之势，我国教育和教育人员不能不急起直追，期与列强并而驰。"而派人"出洋研究精深之术"目的即在于为国家教育前途储备人才。

学校注重学生参加改造社会的实践，支持学生社团活动；派学生

---

[1] 《四川大学史稿》编审委员会. 四川大学史稿：第1卷（四川大学 1896—1949）[M]. 成都：四川大学出版社，2006：84.

[2] 党跃武. 四川大学史话[M]. 成都：四川大学出版社，2017：122.

外出考察观摩，到青城山、峨眉山采集标本；支持学生参加社会活动，组织文学会、数理学会、博物学会等社团。

这一时期，在四川学界比较引人注目的人物还有吴虞（1872—1949）。吴氏在五四运动前后发表了一系列文风犀利、震动一时的文章，如《吃人的礼教》《说孝》等。晚清民国时期，中国学界所谓彻底反对传统儒家文化的知识分子其实也是强烈的民族主义者，他们全盘否定儒家文化传统之目的，也并非真正否定，而是"怒其不争，哀其不幸"心态的真实反映，是希望中国成为一个强大民族国家的强烈愿望的一种表达。

1924 年 3 月，由于军阀混战，成都易帜，支持吴玉章的军阀熊克武被杨森打败，吴玉章被迫离职。国立成都高等师范学校校长由杨森的心腹傅振烈接替，但吴玉章对国立成都高等师范学校和四川高等教育的发展都产生了积极的影响。

二、张澜对国立成都大学的改造

辛亥革命后，四川不断有人提议要改办大学，四川省议会也曾多次讨论通过，但因连年军阀混战而被搁置。1919 年川人任鸿隽从美国留学归来，向省长杨庶堪建议仿照美国州立大学建一所四川大学，得到省议会和川军总司令刘湘的支持，但因政局动荡和经费无着，也不了了之。1924 年春，杨森用武力打败熊克武后，由其智囊傅振烈掌管国立成都高等师范学校。傅振烈认为全国六大高师中，其余五大高师都在"高师改大"运动中改成了大学，成都高师也应改成大学，这个想法得到杨森支持。1925 年，傅振烈一面将成都高师改为成都大学的决定呈报教育部备案，一面在校门挂上国立成都大学的校牌。此举受到高师学生反对，他们认为师范教育应保持独立，要改也是改为师范大学，反对改为普通大学。1925 年，军阀刘湘赶跑了杨森，主持召开四川善后会议，决定将国立成都高等师范学校的原四川高等学校部分划出来成立国立成都大学，由张澜任校长。

1926年4月，张澜（1872—1955）从南充来到成都，凭借与刘湘的关系，斡旋于军阀之间，并在成都高师的基础上组建了国立成都大学。张澜，字表方，早年曾就读于尊经书院，后留学日本，是辛亥革命时四川的风云人物，曾任川北宣慰使、嘉陵道尹、四川民政长。他目睹日本因教育而民富国强，也对新文化运动和蔡元培办北京大学的情况心生向往，因此决心以蔡元培为榜样，立志将国立成都大学建成北京大学那样的高等学府，成为全国一流大学。

具体说来，他采取了以下措施使国立成都大学更具国家主义色彩。

首先，打开夔门，广纳英才。国立成都大学从成都高师中分出以后，教师队伍力量减弱，人才奇缺。据记载，张澜1926年接任校长时，仅有75名教师，其中约有一半为两校共用。张澜深知，办好教育，教师质量是关键。他千方百计聘任名师，提出"打开夔门，广纳英才，欢迎中外学者来川讲学"的口号。他不仅聘任川内的"蜀学宿儒"，并通过中国科学社创办人、中华文化基金会秘书长川籍人士任鸿隽的关系，聘请了一批国内外知名专家到学校任教。在这些教师中，既有"蜀学宿儒"，又有吴虞、吴芳吉、李劼人这样的新派人物。自然科学人才有数学家魏时珍、生物学家周太玄、化学家曾济实等日本、欧美归国人员。张澜还先后聘请30余位外籍教师，其中英国、美国各14人，这在僻处西南、比较保守的四川，是非常难得的。

张澜还实行民主管理、教授治校。张澜通过《国立成都大学组织大纲》设立了校务会、教务会、教授会、各委员会。校务委员会是学校最高权威机构，决定学校的重大事务。教授会参与决策学校课程设置、学科发展等，也是张澜将蔡元培在北大的民主管理方式移植到国立成都大学的结果。聘用教师，也要通过聘委会投票，避免了校长任人唯亲、大权独揽。在那个军阀混战、教育经费十分困难的年代，张澜力争使经费每年从1926年的20万元增加到40万元。为了用好这笔经费，张澜组织了由财务委员会，由校长、教务长、总务长、三名教授代表及两名高级职员代表组成的财务委员会，制定和监督经校务委员会通过的预算，并每月向师生张榜公布。

张澜关心国家大事，培养国家栋梁。他以蔡元培北大办学为榜样，在国立成都大学的教师中，聚集了各种派别的人物，有国民党人熊晓岩、张铮、黄季陆，有共产党人杨伯凯，有国家主义派何鲁之、李璜，也有"蜀学宿儒"和新文化运动新派人物吴虞、李劼人等。他支持新思想，鼓励青年上进，多次讲过学生社会骨干和国家栋梁在学校不能只读死书，要学习古代太学生干预朝政的精神和风气，关心国家大事。

张澜主持成大期间，对学科及课程进行了一些改革。在四川高校招生中第一次招收女生，实行男女同校，这是他仿效蔡元培办学的一部分。1926年，学校第一次招收的本科生中就有3名女生，而这3名女生恰好又都在封建思想比较浓厚的中文系，这在当时引起了不小的震动。1928年，学校设文理法三科，1930年改科为院，本科生由开始时的96人增加到1929年的1344人，发展十分迅猛。在课程设置上，分必修科目和选修科目两大类，选修科目又多于必修科目。张澜对学生学习纪律和考试都比较严格，对成绩优秀者给予各种奖励，每学期考试他都要亲自巡考。

在张澜的苦心经营下，国立成都大学取得了长足发展。

1926年，在国立成都大学从国立成都高等师范学校分出，并在校舍和招生上纷争之际，一直为成都高师改办大学而努力的高师学生会发表声明，指出师范教育存在的理由，要求将高师改为师范大学、得到全省中学校长响应。高师代理校长龚道耕致函省长公署，指出北京高师已经改为北京师范大学，四川师资缺乏等理由，省长公署批复同意并转呈教育部得到批准，国立成都高等师范学校的师范部分遂改为"国立成都师范大学"。五大专门学校也于同年组合为公立四川大学。

国立成都大学、国立成都师范大学、公立四川大学在1926—

1927年先后分别成立，前后数年时间，在四川形成了三足鼎立之势，各具特色，各有进展。根据中华民国大学院院长蔡元培1928年主持制定的《修订大学区组织条例》，经过反复酝酿博弈，在历史发展中有共同历史渊源关系盘根错节的三所大学在1931年11月9日终于合并为国立四川大学（见图2-1）。

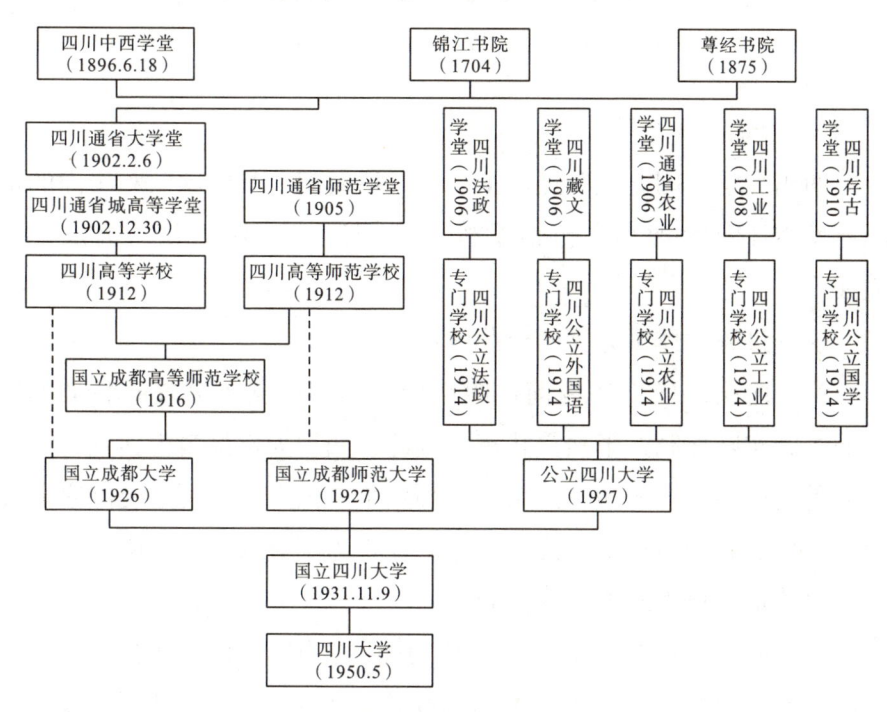

图2-1 国立四川大学历史沿革图

新的国立四川大学并没有如人们预想般发展。究其原因，在于辛亥革命后，四川陷入军阀纷争。四川当时有两个军政府，一省二都督，即在成都的大汉军政府和驻地重庆的蜀军政府，川西和重庆成为此后军阀的两个据点。加之云南、贵州军阀也相继卷入战争，四川军阀长期为争夺地盘相互争斗而形成自己的"防区"，给四川人民带来极大的痛苦和深重的灾难。在这样的背景下，近代大学发展之艰难也就可想而知了。

第三章　四川大学的"国立化"：民族国家统一的手段和象征

四川大学"国立化"经历了很长一段时间，其间国内和川内的情况都发生了很大改变，包括学校内部情况，"国立化"仍是一条主线。[①]

这一进程大体可分为两个阶段：

第一阶段：1935年以前，四川仍处在国民党中央政府名义上统治而军阀实际控制的半独立状态。因此，四川大学虽名为国立，实际上仍是一所地方性大学。四川大学师生争取国立化，既是受国家主义教育理想之影响而欲维护国家统一，也是为了寻求国民党中央政府支持以对抗地方势力对大学的控制。

第二阶段：1935年到全面抗战初期。在国民党中央政府支持下，任鸿隽和张颐两位校长大力推进国立化，使国立四川大学之"国立"名副其实，并摆脱了地方政府控制，成为国民党中央权力向地方扩张的实例，使近代大学成为民族国家统一的手段和象征。

四川大学国立化既是近代大学在民族国家进程中的历史角色和特殊功能的体现，也堪为近代大学国家主义取向选择的典型案例。

[①] 王东杰. 国家与学术的地方互动：四川大学国立化进程（1925—1939）[M]. 北京：生活·读书·新知三联书店，2005：1—17.（本章主要参考了王东杰博士此书的观点和资料，特此声明并致谢！）

第三章　四川大学的"国立化"：民族国家统一的手段和象征

第一节　四川军阀割据下的大学

1931年，国立成都大学、国立成都师范大学、公立四川大学合并为国立四川大学，此举有利于人才培养和西南文化建设。但是，学校合并后却面临四川军阀混战急剧升级的局面，四川仍处于国民党中央不能控制的半独立状态，"军阀混战不仅危及学校发展，甚至危及它的生存"[①]。

一、大学陷于经济危机

"军阀是中国近现代史上产生的一个'怪胎'，它的产生有其历史根源。辛亥革命推翻清王朝后，全国没有形成新的领导核心，虽然孙中山在南京就任临时大总统，组织成立了中华民国政府，但他的政令到达不了北方，加之袁世凯窃取大总统高位后，乘机大搞复辟帝制要当皇帝，其势力又未及南方，全国呈南北对峙分裂的局面，袁世凯在全国声讨帝制的声浪中死去……出现北洋军阀……争夺中央政权的割据和军阀混战的局面。""所谓军阀，其特点有三：第一，要掌握一支私家军队……第二，必须各占有地盘，占几县、十几县、几十县，甚至独霸一省或几省……第三，在所占防区内实行封建的军事统治。"[②] 四川军阀为了扩充队伍，抢夺势力范围，随意截留教育经费，使大学缺乏最低限度的物质保障。

民国初年至1935年川政基本统一，四川教育经费来源十分混乱。省立各学校经费最初由财政厅在省税项下拨款，后政权不一，来源不定，常不能按期拨付。1922年，始指定划拨肉税作全国教育专款，

[①] 《四川大学史稿》编审委员会. 四川大学史稿：第1卷（四川大学　1896—1949）[M]. 成都：四川大学出版社，2006：254.

[②] 四川省文史研究馆. 民国四川军阀实录：第1辑[M]. 成都：四川人民出版社，2011：1-2（前言）.

但各地肉税由当地驻军代征,军方常以战事为由不按时甚至完全停止支付,使学校处于严重危机之中。

国立成都大学、国立成都师范大学、公立四川大学合并为国立四川大学之后,国民党中央财政并未支付学校办校经费,仍由四川省政府和军方协议,由川北和川南盐务稽核分所支持,年费60万元,且省政府不负责统收,由学校自行催收,盐务由军阀把持,经费经常被拖欠,"最好的时候也不足凑齐40万元,使教职员工薪金常常发不出,学校经费严重短缺,工作几乎陷于停止"①。

校长常常四处筹措办学经费,派人到盐务稽核所催款,甚至多次写信给军阀要求按时拨付经费,均未如愿。以刘湘为首的四川军阀为了"围剿"红四方面军,企图筹集400万元的庞大军费,为此不惜牺牲大学、企业,变卖川大皇城地产,使学校处于几乎破产倒闭的危机之中。②

(一)"索薪罢教"与教育经费独立运动

早在1922年,为争取教育经费独立,四川省教育界就在成都举行过全川教育大会,要求将已作为全省教育专款的各地肉税收入,直接交与教育行政部门,实行教育经费独立核算。

国立成都大学成立后,按照四川善后会议,决定拨款盐税作为办学经费,其他各校仍然从肉税中进行开支。然而,由于四川各地军阀割据,肉税被层层盘剥,甚至被截留为军费,大小军阀们要么拒绝调拨肉税,要么进行克扣,年复一年,使得本有盈余的教育经费却长期窘迫。到1927年秋,各校历年欠债已高达数十万元,最后竟然困窘到无款开学的地步。公立学校教职员的薪金没有着落,开学十余周,

---

① 《四川大学史稿》编审委员会. 四川大学史稿:第1卷(四川大学 1896—1949)[M]. 成都:四川大学出版社,2006:144.
② 《四川大学史稿》编审委员会. 四川大学史稿:第1卷(四川大学 1896—1949)[M]. 成都:四川大学出版社,2006:144.

领得经费竟不足一月，有的学校竟然发"欠薪证"，一不即时兑现就成废纸，致使教职员工啼饥号寒，生活无法维持。教员领不到工资，也经常不到校上课，学校因资金短缺也不得不提前放假，教育事业濒临破产，终于于1927年爆发了教育经费独立运动。

1927年11月24日，几所高校的教职员工成立联合会，代表教职员向四川省教育厅提出交涉。教师们的行动得到学生的积极支持，学生们纷纷走上街头，向市民们揭露军阀截留教育经费，用以养兵打内战、争夺地盘的罪行，要求实行教育经费独立，并决定于28日全市学生实行同盟总罢课，这次索薪和经费独立运动得到学生和社会的广泛同情支持。在强大的舆论和社会压力下，四川军政当局刘文辉、邓锡侯、田颂尧几位军阀被迫于12月5日召开了"教育经费独立会议"，电令各四川军阀交出肉税拨付给各学校。至此，历时一个多月的斗争暂告一个段落。

四川几所高校的索薪罢教和教育经费独立运动表明，四川军阀和军政当局一方面把四川高等教育理所当然纳入自己管辖和控制的势力范围；另一方面为了一己私利，也不顾四川高等教育存亡和发展。

（二）川大师生反对变卖川大皇城地产

"二刘大战"中，四川军阀刘湘打败了刘文辉，就任四川军阀总司令，准备围攻川北红四方面军。1933年9月，刘湘召开"围剿"红四军会议，决议变卖川大皇城地产以作军费。

消息传出，立即遭到川大师生的强烈反对，学校致函刘湘并报教育部，抗议刘湘危害四川教育、侵犯川大权利之举，并严正指出：川大乃国立大学，川大一切校产之产权属于国家，未奉中央核准，四川军政机关均无权处置。[①] 军阀刘湘则全然不顾川大师生反对，一意孤行，为加速变卖，成立了四川公产清理处进行拍卖。学校则针锋相

---

① 佚名. 国立四川大学紧要启事［J］. 国立四川大学周刊，1933，2（14）：4.

对，致函成都地方法院控告清理处越权非法拍卖，全体学生则发布声明："即使一时受暴力阻碍，皇城校址，为人侵占，或非法买取，最终本校在法律上可以无条件收回。企图购买者，因此所受之一切损失，本大学亦不负任何责任。"① 学校同时致电南京国民政府行政院、军委会、教育部，强烈要求立即制止刘湘变卖川大皇城校产、摧残教育的不义行为。

国民政府教育部致电刘湘："据报川省各界，有主张变卖国立四川大学旧皇城校址，以充急需之说。查川大校址，系经中央核定，倘有变动，对于该校影响至巨，务请力维现状，以利教育。"② 国民政府要求维持川大现状，刘湘迫于各界压力，最终此事不了了之，变卖皇城校产一事终以川大师生的胜利而告终。

《国立四川大学周刊》刊载了皇城地产变卖争执的经过，反复申明地产产权属于"国家"，四川"地方"军政当局无权处置。这是一个有非常意义的话题：一方面表明川大师生对四川军阀和军政当局的厌恶和愤慨；另一方面也表明川大师生已经视国立四川大学为一所"国家"的大学，其中的"国家"观念非常明确，也为川大师生反对地方军阀和军政当局提供了合法的依据。

二、教学秩序难以为继

四川军阀不仅肆意侵占截留大学的经费，更为严重的是，军阀之间的混战甚至直接将战火烧到大学校园，严重破坏了学校正常教学秩序，也威胁到师生的生命财产安全。

（一）战火烧到校园

"四川军阀混战次数最多，为时最长。如果有心人对民国二十余

---

① 佚名. 本大学全体教职员反对变卖皇城校址宣言[J]. 国立四川大学周刊，1933，2（8）：3.
② 佚名. 教育部电刘督办停止变卖皇城[J]. 国立四川大学周刊，1933，2（6）：7.

年间四川军阀的大小混战作一统计，以之与全国军阀混战作对比，则其次数之多，时间之长，必过于全国。"[①] "成都省会，是所谓首善之区，军阀战争打到成都，自然较外地为少，但我也经历了几次成都巷战，耳所闻是枪炮声，目所睹是满街奔跑的兵丁和人民扶老携幼逃难的状况。父老日夕所谈，多是军阀战争。我读书小学到中学，都曾因成都巷战而停学。"[②]

1932年冬，军阀邓锡侯派重兵住进国立四川大学皇城校本部，名为保护学校，实则是将学校变为兵营。四川军阀刘文辉与田颂尧的军队在成都市区展开巷战，川大皇城校本部居然成为战事主战场，师生纷纷离校避难。文学院院长向楚、教育学院院长邓胥功等与未及避走的师生300余人被困于校内。各方兵力都在十七八个团，战斗异常激烈，弹如雨下，严重威胁到师生安全，部分校舍被毁，学生衣物书籍损失在10万元以上，占全市经济损失的1/10。

（二）教学秩序被破坏

刘（文辉）田（颂尧）巷战，以川大皇城校舍为主战场，一时匪患四起，教职员工和学生人身安全没有保障，迫使师生纷纷离校避难，人心惶惶，正常教学秩序根本不可能维持下去，学校不得不提前两个月放假。

后川大为此事专门具文呈教育部：

> 自本年十月以来，四川政局陡变，蓉市风鹤频惊。至于十一月初旬，大街小巷，彼此布防，一般市民，惶亥更甚。本大学及各附校学生，已皆未能安心上课，虽经多方安慰，勉强维持，然请假离校者，已属不少。及至本月中旬，时局日趋紧张，省市各校，于本月十五日，一致暂停课。本大学不得已牌告学生，自本

[①] 唐振常. 四川军阀杂说 [M]. 沈阳：辽宁教育出版社，1998：54—55.
[②] 唐振常. 四川军阀杂说 [M]. 沈阳：辽宁教育出版社，1998：55.

月十六日起，暂行停课四日。乃十六日下午二时左右，第二十四、九两军，即在本大学皇城校舍前后门及东面煤山各地，相互攻守，直至十七日下午二时，始得暂停。本大学及各附校男女学生，约五百余人，在此枪林弹雨之中，幸免伤亡，至十七日上午十时，始得出校，移至本大学南较场校舍暂住。而皇城校舍，横被摧残，墙壁或已洞穿，屋瓦多成碎片，学校校具图书，学生衣物书籍，都被遭劫掠。而皇城西北部附属小学校舍，甚有被焚者，瓦砾遍地，目不忍睹。全校损失，极其重大，现虽暂告平静，而前途仍难乐观，且本大学及各附校学生，或绸缪未雨，或仓皇逃避，十之七八，均已他去，虽欲召集，势有未能。而附属各校，尚多住有军队者，本期能否恢复行课，实属毫无把握。除一面殚竭心力，用谋善后，一面清理损失，再醒详报外，理合先将被灾大概情形，据文呈报，仰祈鉴核。①

而国民政府教育部获报后也只是指令："呈悉，该大学皇城校舍失火，良堪惋惜，仍仰力谋善后，冀复旧观，并将损失详情补报。"②然而教育部也只是安慰，并未实际救助。四川省政府亦复函："案准贵大学函嘱，转饬教育厅调查各校损失，设法救济，并转函各军从速迁移现住各校部队等。"③也同样只是复电安慰，并无实际行动。

1933年秋季招生，受战争影响，报考川大的学生仅200余人；第二次招生，报考文、理、法三学院考生仅30余人，门可罗雀，只好于后再补录一次。当时报纸以《大战后学府也荒凉》为题报道了当时的情况。④

四川军阀混战给川大正常的教学秩序带来了严重干扰和破坏，尽管川大师生和社会舆论对此强烈谴责，但是在特殊的时代背景下，这

---

① 佚名. 办理救济省垣巷战损失经过[J]. 国立四川大学周刊，1933，1 (11)：9-10.
② 佚名. 办理救济省垣巷战损失经过[J]. 国立四川大学周刊，1933，1 (11)：10.
③ 佚名. 办理救济省垣巷战损失经过[J]. 国立四川大学周刊，1933，1 (11)：9-10.
④ 四川大学校史编写组. 四川大学史稿[M]. 成都：四川大学出版社，1985：160.

种谴责也无济于事。因此，结束军阀对四川的控制，希望"中央"入川，国家得到统一，成了四川人民和川大师生的强烈愿望。

三、大学的艰难抗争

1932年2月，张澜推荐王兆荣任川大校长，获国民政府批准。王兆荣校长为川大正常运转奔走呼号，使川大得以艰难维持。

（一）争取经费名副其实"国立"

成都巷战，校舍被损，师生财物损失严重，部分学生无法交齐学费，纷纷申请缓交，而四川省政府和教育部救济又迟迟不能到位。军阀混战，学校应拨经费也不能按期拨付，川大正常运转受到严重威胁。筹集经费，特别是要求国民党中央财政给予川大名副其实的"国立"地位，成为王兆荣校长的首要任务。

根据《国立四川大学周刊》第1卷第11期记载：

> （呈教育部文）查本大学经费，前奉钧部核准，拨用前成都大学在川南盐务稽核分所经征盐税项下，每年应领经费六十万元。在案查川南盐务稽核分所，以经征盐税不敷分配，对于前成都大学经费，向未拨足，前成都大学因此停顿。及民国二十年四川省政府大学整理委员会，呈奉钧部核准，将前成都大学、前成都师范大学、前省立四川大学合并改建本大学。自本大学成立以来，一切开支，均较前成都大学增加，所有每年应拨盐款六十万元，倘仍不足，决难维持。当由前四川省政府大学整理委员会委托国民革命军第二十四军提款专员，代为提兑，即在盐税淡月，该所收入不敷分配，未能拨足，亦由该军垫拨，此项代提手续，办理以来，尚无困难。惟自民国二十一年十月份以后，因受军事影响，未能照拨，虽经本大学分函国民革命军第二十一军第二十四军及川南盐务稽核分所，请仍照案提拨，但尚无甚结果，致本大学开学无期；倘仍长此拖延，影响国家教育，至为重大，不得

已恳祈钧部,准予函达财政部,转电川南盐务稽核分所,按月在该所经征盐税项下,优先拨足五万元,直交本大学提款专员领兑;并电达第二十一军及第二十四军查照,除分呈并函财政部外,理合备文呈鉴核,指令祗遵。(呈行政院文及致财政部函均与此略同)(全体教授致行政院及教财两部代电)①

此外,教授们又致电刘湘及时拨足经费:

成都国立川大经费,前经钧部定案,在川南稽核所盐款项下年拨六十万元,每月五万。去冬川战停顿,川南所归刘甫澄直辖。本期开学已届,经费无着,顷致刘都督一电,文云,去年战祸,川大损失至巨,本校前后经费,深赖鼎方维持,始有今日。现在本校及附属学校各校学生人数增至五千,教职员工,千人以上,中央原定经费,指拨盐款六十万元,实不敷分配。今军事已告平息,而学校前因巷战,已极残破,恢复原状,需费无资,停顿数月,积欠薪修,复累外债;顷已春季学生纷纷到校,呈请开学,一切经费专恃盐款,自井南所归公直辖,同人等以川大关系西南文化,我公为全川教育经费独立之创始者,今又总持盐款,当此励精图治之时,刷新市政,发皇教育,实为大端;而学校之现状如此,环境之险恶如彼,我公扶持教育,素具热诚必不忍坐视摧残,使多数教职生活不安,所关尤小;数千学生,失学怨望,一般社会集矢非难,其虑甚大,甚至教育因此发生风潮。固属学校之不幸,也亦岂我公所愿闻,为此特恳电达南所,饬照中央原案,每月拨足五万元,并酌加临时经费,以渡难关,将来西南文化之进展,国脉之绵延,皆出公赐。②

国民政府教育部复电:"呈电均悉,该校经费已咨财政部电饬稽

---

① 佚名. 本大学经费概况 [J]. 国立四川大学周刊, 1933, 1 (11): 2—3.
② 佚名. 本大学经费概况 [J]. 国立四川大学周刊, 1933, 1 (11): 2—3.

核所查案照拨，并由部电达刘督办先行饬所拨发，仰便如期开学。"①

据四川大学校历记载，1934年3月25日，王兆荣校长因本大学经费年仅60万元，而各方拖欠甚巨，每年仅能拨到40余万元，维持现状颇为不易，改进革新无从着手。财政部方面犹认为正式经费仅在1933年国家总预算中列入本大学补助费30万元。相较其他国立大学，四川大学深感没有得到国民政府的平等待遇，王兆荣校长于是立即请假赴南京，向各方详细说明。经过艰苦努力，1934年四川大学终于得到国民党中央政治会议的决议，财政部按"国立"大学将四川大学经费正式纳入国家预算之中，取得和其他国立大学平等的地位。②

国立四川大学经费正式纳入国民党中央预算，意味着国立四川大学不再只有"国立"之名，也有了"国立"之实。在经费上开始摆脱四川地方军政当局的控制，是四川大学真正"国立化"的标志性事件之一。

（二）"国民性"批判和国家观念的演讲

在民族国家内忧外患的情况下，川大师生对国民的特性和国家观念较为关注。

学校还经常邀请一些知名人士到校演讲时政，培养国家观念。如1934年5月黄慕松作"教育与救国"演讲，即有如下内容：

> 现在世界上任何新兴的国家，莫不提倡教育，以作强国的基础。因为现代一个国家的比较，要想在军事上得到胜利，已非一部分军队的战斗能力所能奏效。彼此的胜败，要看全体民众的力量如何才能决定。集中全体民众的力量，就是国家的总动员。所

---

① 佚名. 本大学经费概况[J]. 国立四川大学周刊，1933，1(11)：2.
② 《四川大学史稿》编审委员会. 四川大学史稿：第1卷（四川大学 1896—1949）[M]. 成都：四川大学出版社，2006：146.

谓总动员者，而是以整个国家的力量来比较，来决定的意思。譬如以欧战来说，德国就是以全国的力量，用作战争，英法等国有鉴于此，亦以整个的力量对付。直到现在，世界经济恐慌达于极点，于是各国所行的贸易政策，以及关税政策，亦莫不全国一致，以图自存，这也是一种总动员的表示。我国当此国难期中，想要挽救危亡，力图自存，非充实国力不可，非国民总动员不可。想要充实国力，又非振兴教育不可。但教育亦不易设施，不足兴过度，均非好的现象。亦如人的饮食，吃多固属不好，吃少亦非所宜。因此我国一般办教育的人，对于教育极感苦闷。①

演讲中，黄氏提出教育要适合需要、教育要健全、教育要精深、教育要普及四点，他希望四川教育界人士要负起责任，通过教育救中国。

川大教育研究会邀请本校教授朱寿人作了"我国今日究竟需要什么教育"②的演讲。朱寿人首先指出：

现在的中国是危险不堪言状的！看与过去的中国相比较，不只有天壤之别，政治昏暗，文化低落，工商业不振，国势颓唐，民生凋敝……以国家版图来论，更日渐缩小，为我们昔日所有的琉球台湾在我国地图中已变色了；朝鲜安南缅甸等不再进贡来了；最近东三省复被占据了，热河也随之丧亡了；内蒙纠纷未已，西藏变故多起，华北问题未决，华南问题复生，军阀仍然割据……眼见半壁河山，形成动摇状态，将非我国所有！如此情状，能不痛哭流涕吗？③

朱教授认为造成这种状况的主要原因在于中华民族性中的弱点。他对这些弱点进行了深刻分析。

---

① 黄慕松. 教育与救国 [J]. 国立四川大学周刊，1934，2 (32)：1.
② 朱寿人. 我国今日究竟需要什么教育 [J]. 国立四川大学周刊，1934，2 (32)：2.
③ 朱寿人. 我国今日究竟需要什么教育 [J]. 国立四川大学周刊，1934，2 (32)：2.

朱教授指出欲改造中华民族性之弱点，"最要者莫过于教育"。他给出了两种最重要的药方：国家本位的教育和军事化的教育。"为铲除自私自利的民族性，今后的教育应实行'国家本位'的教育。——吾国教育自古均以家庭为本位，如所谓'光宗耀祖'、'扬名声，显父母'，积习既久，举国人民只有家庭观念而无国家观念。然世界强国国民无一不以国家为前提，视为国捐躯为乐事。欲谋中国日益强盛，灌输'国家'观念于儿童及成人，实属至要。""为铲除文弱的民族性，今后的教育应实行'军事化'的教育——教育军事化，使国民有军事的训练，军士的精神，能自卫卫国。基础点说，也能使各部器官得以平衡的发展，使文弱的特性不至再现。"①

（三）王兆荣校长的艰难维持和被迫辞职

王兆荣校长对学校进行了初步整顿。他为了提高教学质量和学术水平，想尽办法挽留续聘了一批知名教授，如吴君毅、向楚、李植、何鲁之、叶秉诚、龚道耕、邓胥功、刘绍禹、魏时珍、周太玄、谢升庵等，又聘请了美国教师5人、英国教师4人、法国教师2人。文学院、史学院开出的必修课和选修课都非常丰富，受到学生欢迎。学校各种学术团体得以建立，如经济研究会、教育研究会、文艺研究会等，另有《国立四川大学周刊》《气象月刊》《文艺月刊》等刊物出版。

四川大学主要学术阵地《国立四川大学周刊》不但定期公布学校图书馆新进的各科书籍，还专门开辟了学术栏目，以及各种人文社科及科学研究的专载。再如《国立四川大学周刊》1934年1月8日第18期刊登《国家的航业竞争》的译文，编者添加按语如下：

现今文明国家，对于海洋事业，久已注重，军务方面，固不必说，即商业竞争之成败，亦系于船舶多寡盛衰，征诸各国商业

---

① 朱寿人. 我国今日究竟需要什么教育[J]. 国立四川大学周刊, 1934, 2 (32): 2.

发达史，即能洞悉。我国商船事业，受列强不平等条约之压迫，以致河内海内之航行权，均操诸异国，人民脂髓，随之而竭，言之滋痛。现值国家将行统制经济，商船事业，亦为要图，且招商局与川江之民生航务公司亦蓬勃待兴，船业前途，不为无望；然而借机观察，又需他山之助，美国为海洋先进之邦，吾人尤当注意。[①]

学校发扬严谨务实的校风，注意培养学生理论联系实际的能力。1933年四川茂县叠溪发生大地震，山崩地裂，岷江阻断，学校很快独立派出地震考察团实际调查，写出了考察报告，收集到珍贵的第一手资料若干。川大师生还对四川地方自然资源和风俗习惯等进行了实地调查，并结合四川地方特点写出了不少调查报告，如《如何利用四川原料解决国防与生产两大问题》等。

三所大学合并后（国立成都大学、国立成都师范大学、公立四川大学合并定名为国立四川大学），王兆荣校长能够在窘迫的环境下维持学校，并得到一定发展，其"筚路蓝缕，奠定基础之功，均啧啧尚在人口"[②]。但是，四川军阀混战造成学校各个方面严重困难，王兆荣与刘湘的矛盾也不断加深，他左右为难，不得不屡屡提出辞呈，最终于1935年8月辞去国立四川大学校长职务。王兆荣的辞职反映出，"中央""不在场"的情况下，四川军阀和军政当局仍然掌控着国立四川大学，使它并没有成为一所真正的"国立"大学。

第二节　国民政府入川与教育部整顿川大

1934年，蒋介石与刘湘开始"合作"，蒋介石任命刘湘担任四川省政府主席，四川军费由南京政府拨给，同意刘湘发行巨额公债，偿

---

① 王嗣鸿，译. 国家的航业竞争［J］. 国立四川大学周刊，1934，2（18）：1.
② 四川大学校史编写组. 四川大学史稿［M］. 成都：四川大学出版社，1985：171.

还历年积欠。刘湘则开放门户,让"中央军"入川监督"反共"军务。

1935年1月,国民政府派贺国光率参谋团到达重庆。从此四川军阀一统巴蜀的半独立状态被打破,防区制被取消,四川被纳入国民党中央真正控制的地区,成为国家统一运动的一部分,而大学也成为统一运动的一个环节、手段与象征。

一、川大师生民族国家观念的高涨

四川三所大学合并为国立四川大学的那一年(1931年),"九一八"事件爆发,全国为之震惊,也彻底激发了大学师生的民族主义精神。东北沦陷,民族国家的命运前途从此更是成为大学师生关注的焦点。

1932年,"九一八"事件爆发一周年时,川大校内告示云:

> 牌告全体师生参加九一八纪念　　案奉教育部元电开,九一八国难,候届一周年。空前耻辱,刻骨难忘,祸患方殷,如火益烈。凡我国人,固无日不在痛苦忧愤之中,而一至是日,尤当积极策勉,为各界倡。为此令仰全国各级学校,于是日上午九时召集全体学生在校内举行纪念,停止星期例假,讲演国耻事实,讨论救国方法,以示卧薪尝胆之精神,而为湔耻雪辱之准备。仰各切实遵照,并转饬所属一体遵照等因奉此,除分函外,合行牌告仰本大学文学院教育学院理学院法学院全体学生,于是日午前九钟齐集皇城致公堂法学院十九教室参加纪念,切切此告。
>
> 校长王兆荣九月十六日[1]

上述告示内容说明纪念"九一八"事变不仅是师生们的自发活

---

[1] 佚名. 牌告全体师生参加九一八纪念[J]. 国立四川大学周刊, 1932, 1(2): 3.

动,也是教育部和学校有组织的行动。在《国立四川大学周刊》中,可以看到一篇四川大学叶秉诚所作的《何法恢复东三省》的富于激情、分析透彻的演讲:

> 观夫去年十月日内瓦国联之限期撤兵乎,日本不惟毫未履行,且反而进兵,国联不但不能加以制止和有效制裁,反而放弃限期撤兵的议案,只另决议派员调查,致使东北纠纷成为事实而不管,国联的议案往往成为一纸空文,日本即使退出国联也要出兵占领东三省,由此可见,国际联盟是不可靠的。

> 如出其武力收复也,日自甲午胜我以来,卅余年整军经武,处心积虑,以谋中国也久矣,不惟准备对我之武力,且进一步为准备对俄美之大战。我国则于廿年来元气尽于政争,兵力耗于内战,空军海军,其无丝毫之准备,而欲执白挺以达坚甲利兵,张空拳以御炸弹飞艇,虽至愚者而胜负已决矣。况宁粤之分裂愈显……求其以孱弱之武力,一致对外当不可得,正与有鲁莽从事而可侥幸图恢复者也。①

由上可见,叶氏认为依赖国际联盟是行不通的,因为国联是各国自由意志之组合,"并非高于国家之团体",而各国利益和国际关系不同,只根据本国利益说话,"及法之祖日,即其明证",就是国联在道义上能主持公道,也没有实力作为后盾强制执行。② 于是叶氏提出四条策略:

> 一是政府急宜确定外交之方针,而为切实之准备。辽沈事件以来,蒋政府则持不抵抗之主义,汪政府则一面抵抗一面交涉。今则汪辞行政院长,负责无人,几陷于无政府之状态,内政无主,遑言外交。目前唯一救亡办法,首在组织国防政府,容纳各

---

① 叶秉诚. 何法恢复东三省 [J]. 国立四川大学周刊, 1932, 1 (2): 10.
② 叶秉诚. 何法恢复东三省 [J]. 国立四川大学周刊, 1932, 1 (2): 11.

方意见，网络各方人才，共同商定外交根本正常，分途并进，为全国之总动员，所有国内之军备、财政、教育、实业皆尚此外交根本目的以进行，庶国事定而责任明，对外乃另开一新途径也。

二是请国联和九国公约裁定，即使日本不执行，在国际上也失道寡助，得罪其他大国，对中国外交大为有利。

三是知识界为有组织之团体，联合群众，以实行国民外交。现代国际竞争，非一政府及个人之胜利，乃全国整个的道德力政治力智力财力生产力之总和试金石也。年来政府内政外交之失职，自为目所共睹，然吾国经此空前未有之大难，而全国竟无应时救国之大规模的组织，为号召国人之重心，以为现政府之有力监督，则此国人之无组织力，虽有四万万之众，而其实则等于零。教育界之智识分子，极宜觉悟，无组织之足以召亡，速行组织救国团体，联合农工商界，讨论内政外交之方案，列为信条，造成全国之公论，以督促政府之实行。政府容纳则为政府之后盾，政府拒绝，则另行组织政府，以实行民有民治之主权，而救国家之危亡。

四是厉行经济绝交。因为日本原材料和产品销售市场严重依赖中国，不购买日货，如能坚持至三年之久，则日本产业得濒于破产

若不欲坐视中国之亡，惟有各尽其责，负起救亡之责任，以号召国人，而此种责任，尤以知识界之青年所负尤为大，苟大学学生人人以救亡自任，则必求有用之学术，练坚强之身体，养成改革内政之材，能储备抵御外侮之技术，一旦报国有途，出其所学，以为国人倡，则不独中国不亡，而东三省终有恢复之一日。嗟乎，中国乎，其亡其亡，系于诸君！[1]

除此之外，四川大学教授赵石萍的《九一八前后的东北》、李希

---

[1] 叶秉诚. 何法恢复东三省[J]. 国立四川大学周刊，1932，1（2）：11.

仁的《东北前途与吾人处国难之态度》、许群的《长期抗战的意义》等演讲均激发了四川大学师生的民族国家观念。据记载，1933年4月15日，王兆荣校长主持校务会议，决议派旅平同学会代表川大慰劳抗日将士。川大法学院旅平同学会则在前线发来了呼吁捐款捐物支持前线战士的函电："抗日将士，在冰天雪地中，在飞机轰炸之下，为求民族之生存，为反抗强暴的侵略，在那里和顽敌肉搏，冲锋，断颈残肢，血肉淋漓的情形，恐怕我母校师友不会料想是一幕如何惨烈的斗争罢。"①

"抗日""救国"在《国立四川大学周刊》里已然成为一个重要的主题。川大师生还通过募捐、静默活动等方式来纪念"九一八"事变，关注民族国家命运已成为川大师生的一个常态。

二、国民政府对四川大学逐渐重视

"九一八"事变后，维护国家统一，挽救民族危亡已然成为时代主题。

四川大学法学院教授吕嘉榕在《国立四川大学周刊》发表的《吾国中央行政制度应否采用总统制》的文章颇能反映当时学人的心态。其中编者按曰：

> 吾国近年来，政治则支离破碎，政府则毫无能力，推究其故，皆由中央政治不良。表面统一，而号令不出都门，故改革政制，确立中央势力，运用独裁政治，已成为国内舆论之一致主张。②

> 处此国家危急存亡之秋，非有强有力之政府，不足以应付非常之变；而强有力之政府，除采用总统制而外无他，已如上述。倘使我国采用总统制而达到强有力之政府，何愁不能制止帝国主

---

① 佚名. 喜峰口飞来之呼声 [J]. 国立四川大学周刊，1932，1 (15): 11.
② 吕嘉榕. 吾国中央行政制度应否采用总统制 [J]. 国立四川大学周刊，1933，2 (14): 1.

义之侵略,以及削平军阀之盘踞;更相信政治上亦易于达到良好之目的。否则仅有懦弱之政府,对外之主权不能有实际上之独立,对内之主权亦不能贯彻。①

由此可见,军阀割据也受到国内舆论的普遍谴责,四川军阀混战此时也进入末期。刘湘被迫开放四川门户,允许"中央军"入川监督军务,蒋介石则任命刘湘为"四川剿总"兼四川省主席,军费由南京政府拨给,允许发行善后公债,偿还历年积欠。

1935年1月,蒋介石先派贺国光率参谋团到达重庆,随后亲自来到成都,并视察了国立四川大学。

(一)蒋介石亲临四川大学视察

1935年3月,蒋介石抵渝。四川大学校长马上通电表示欢迎,蒋介石接到后回电:

> 成都国立四川大学王校长大鉴,支电诵悉。中抵渝旬日,诸待部署,俟处理稍为就绪,即当赴蓉一行,籍图把唔也。中正秘谕。②

随后,蒋介石于1935年5月26日抵达成都。6月9日,蒋介石召集成都中级以上教职员谈话,四川大学校长、院长、系主任约10人参加。7月1日在四川大学致公堂举行了总理纪念周讲话并参观了学校图书馆,川大师生代表850人,四川各军政领袖并各学校校长、社团代表共计1200余人听了蒋介石的讲话。

蒋介石的讲话包括三方面:

首先,社会风气的良窳,根本在于一般负教育责任的人和一般学生以及社会所有知识分子能不能"尽到领导民众改造社会的责任",

---

① 吕嘉榕. 吾国中央行政制度应否采用总统制[J]. 国立四川大学周刊,1933,2(14):1
② 转引自王东杰. 国家与学术的地方互动——四川大学国立化进程(1925—1939)[M]. 北京:生活·读书·新知三联书店,2005.142.

"四川大学是四川的最高学府,四川大学一般学生对于四川更加责任重大",更应负起教导四川民众的责任。

其次,中国教育往往偏重"学术、技能、做人道理"的"教"而忽视了"体魄、精神、道德和生活"的"育"。

最后,"我看到四川无论大学、中学,一般青年学生的体格都很瘦弱,精神都很萎靡,和云南学生比起来就差得远……这就是四川教育的一个大缺点,也就是我们民族最大的一个危机","我们要自卫保国,雪耻图强,必要各个国民先能自强,第一就是要锻炼强健的体魄……第二是要养成劳动的习惯,发扬服务的精神"。①

7月8日,四川大学已放暑假,蒋介石又一次指定总理纪念周在四川大学举行,他再次讲话,虽无新鲜内容,但更具象征意义,表示国民党中央对国立四川大学重视与寄予厚望。

(二) 视察的影响

尽管国民政府早在1927年就实现了对全国的形式统一,但是四川仍然处在军阀的事实统治之下。体现在国立四川大学身上,就是四川大学虽然很早就被冠名"国立"(国立成都高等师范学校、国立成都大学、国立成都师范大学、国立四川大学),但一直使用省款,校长也往往因与四川军政当局的亲疏关系而被任免,重大事务也只是报国民政府备案,地方气息浓厚,国民党中央无暇顾及。

"中央军"入川后,四川军阀的防区制被废除,四川被纳入民族国家统一运动的轨道。蒋介石对川大的视察不但体现了对川大的重视,也完全开启了川大真正国立化的进程。

三、教育部加强对四川大学的管理

1934年,中华民国教育部派出10个专员视察了40余所大学和

---

① 转引自王东杰. 国家与学术的地方互动——四川大学国立化进程(1925—1939) [M]. 北京:生活·读书·新知三联书店,2005.143.

专门学校,"特别注意学生之上课、学校行政人员之服务、经费之配置、课程、设备、图书与实验、卫生设备、物理教育"等①,川大亦在视察之列。这次教育部虽名为视察,实为对国内大学进行考核,并根据考核报告进行整顿。

(一) 教育部对四川大学的整顿

1935年5月27日,教育部视察专员郭有宋、顾兆到川大视察。经过一个多月的视察,教育部于7月根据二人的报告和建议向四川省教育厅和国立四川大学发出训令:

> 1. 重庆大学定为省立,先设理工两院,原有农学院和文学院并入川大;2. 川立农学院并入川大;3. 原四川省立工学院并入重大;4. 重大原有学生一律甄别呈部备案;5. 省立农、工两院经费分别划拨川大、重大。川大附中、附小一律划归教育厅办理。②

8月26日,教育部又对四川大学办理情况提出批评和指示:

> 一、院系组成:(一)文学院不变,重大并入;"教育系二年级学生一人,应令改入他系,或设法予以转学";(二)理学院:物理、数学系学生不多,应否合并为数理系由该院酌办,并速谋师资与设备充实;(三)法学院政治、经济两系,"班次未齐,人数过少,应合并为政治经济系";(四)添设农学院,暂设一系或两系,其详学校酌定。
>
> 二、该校经费应妥当分配,确定各院应占比率。至于购置费用,过去所占成数太少,致各项设备甚形简陋,嗣后尤因设法增

---

① 王东杰. 国家与学术的地方互动——四川大学国立化进程(1925—1939)[M]. 北京: 生活·读书·新知三联书店, 2005. 144.
② 王东杰. 国家与学术的地方互动——四川大学国立化进程(1925—1939)[M]. 北京: 生活·读书·新知三联书店, 2005:142.

加，不得少于经费总数百分之十五。

三、该校课程，多因人而设，无一定标准，所有讲义，计达一百五十余种，年费三万数之巨，教学徒重讲演，学生程度甚为低浅。嗣后应妥当课程纲要，切实施行。

四、教职员原任之课务或行政职务，应由该校新任校长到职后酌情形，重新妥为支配，以利改革。①

（二）整顿的意义

中华民国教育部对川大的视察和报告，既是对川大工作的鉴定评价，也是对川大具体校务工作的直接指导，还为教育部任命任鸿隽接替川大校长做了铺垫。教育部对川大的整顿工作是继川大办学经费纳入国民党中央财政预算之后，真正实现"国立"的又一个标志性事件。

从此，"国家"的形象在国立四川大学的师生中变得更加清晰和具体。国民党中央政府也通过这种"国立化"，实现了对地方大学及文教事业的管理和控制。因此，"国立化"成了国家统一运动的一部分，大学成为国家统一的手段和象征，被赋予国家主义之目的和取向。

第三节　任鸿隽校长的改革

尽管在王兆荣校长时期，川大已经"国立"，但与其前身成都大学、成都高师一样仍具很强的地方色彩，国民党中央政府也无暇顾及，而川大的发展也未真正受到中华民国教育部的足够重视。

1935年后，四川被蒋介石和国民政府作为民族复兴的策源地加

---

① 王东杰. 国家与学术的地方互动——四川大学国立化进程（1925—1939）[M]. 北京：生活·读书·新知三联书店，2005：145.

以建设，川大的发展也被国民政府提上议事日程。作为主流知识分子的任鸿隽在国民党中央的支持、任命下执掌川大，及时提出了学校建设"国立化""现代化"的目标，并取得了显著成效。也正是在这个时期，川大减去了浓厚的地方色彩，而不再是"四川"的"国立"大学。留学欧美归来的任鸿隽采取了一系列卓有成效的措施，使四川大学成为名副其实的国立大学。[①]

一、"使此大学成为国家的大学"

任鸿隽（1886—1961），字叔永，四川垫江人。重庆府中学堂毕业后赴日留学，同盟会会员，曾任孙中山秘书，1914年赴美留学，入康奈尔大学、哥伦比亚大学，获得博士学位。任氏是近现代中国科学事业的重要开拓者，曾与杨杏佛、赵元任等创办中国科学社并任社长，先后任中华文化教育基金会理事长、北京大学教授、中华民国教育部专门司司长、国立东南大学副校长，中央研究院秘书长、总干事等职，在文教界有广泛影响。

（一）国民政府任命任鸿隽为川大校长

任鸿隽作为川人，一直对四川的发展非常关注。他怀着科学救国的理想到美国留学，1919年回国，曾帮助四川军阀熊克武办钢厂，但对四川的高等教育特别重视。同年，他积极上书四川省长公署，建议仿照美国在四川建一所大学，但因军阀混战，军阀们无暇真正重视文教，因经费奇缺而被搁置。

四川军阀防区制被废除，刘湘被国民政府任命为四川省政府主席，四川被纳入民族国家统一运动轨道，蒋介石视察川大，对国立四川大学寄予期望。在这样的背景下，1935年8月6日，深孚众望的

[①] 《四川大学史稿》编审委员会. 四川大学史稿：第1卷（四川大学 1896—1949）[M]. 成都：四川大学出版社，2006：153—182.

任鸿隽被国民政府任命为国立四川大学校长。四川社会各界和广大师生对此热烈欢迎。川人对他寄予厚望，《川报》社论指出任鸿隽执掌川大乃四川教育界的"福音"。

（二）以建一所"国家的大学"为目标

任鸿隽在入川前在北平就向新闻界吹风，表示他在执掌川大之后，至少要做到"国立"两字的目标，使川大成为国家的大学。

任鸿隽来到四川大学后，他在全校师生大会上说："本人抱定宗旨，要使四川大学：一、现代化。无论是文理各科，均需以适应现代学人需要为准则；二、国立化。应知四川大学是国立之学校，不是一乡一邑之学校，应造就成国士，不仅造成乡人。"[①]

其后，他在《四川大学的使命》的演说中，强调实现川大的现代化和国立化，必须完成三个使命：

第一，要输入世界知识。使我们睁开眼睛，晓得世界进步到了什么程度，人类的大势，是个什么情形。那么，我们从前所有的野蛮战争、部落思想，都可以不攻自破，我们要拿知识开通来补偿四川的地形闭塞。

第二，要建西南的文化中心。要在黄河、扬子江两水的上游广大地方，建设一个能成为文化策源地的综合大学。

第三，在当今困难严重的情况下，要担负起民族复兴的责任。

任鸿隽以民族国家的使命来改造四川大学的宏伟目标由此可见一斑，其国家主义取向更是不言自明。

二、"国立化"的措施和表现

任鸿隽围绕"国立化"和"现代化"，以服务民族国家利益为宗旨目的，对四川大学进行了一番大刀阔斧的改造，主要体现在大学的

[①] 四川大学校史编写组. 四川大学史稿[M]. 成都：四川大学出版社，1985：180.

师资建设、学生生源、课程设置、教学方式、设施设备等各个方面。

（一）广纳人才，大批学者入川

任鸿隽深知要建一流的大学，首先要有一流的师资。"要提高教授待遇，在国内妙选学界名宿前往授课"，聘任贤能为办好学校第一件大事。

他通过中国科学社的关系，带来了20余位国内著名学者，其中有孟寿椿（原暨南大学文学院院长）、钟行素（复旦大学训育主任）、杨周翰（原北师大外语系主任）、曾省（山东大学理学院院长）、钱崇澍（中国科学社生物所所长）、毛宗良（中央大学园艺系主任）等。另聘图书馆学专家桂质柏入川大任图书馆主任，暨南大学教授刘大杰为中文系主任，北大哲学系主任张颐为文学院院长，国学家丁山为文学院教授，罗容梓、张敷荣、刘绍禹为教育系教授，吴大猷、李衍为数理系教授，王琎为化学系教授。同时，还聘请社会贤达、名流学者来校讲学，其中有黄炎培、晏阳初、马叙伦、马寅初、梁漱溟、张伯苓、吴文藻、顾颉刚等。国内名流学者于20世纪30—40年代大量涌入川大，"一时蔚为壮观，受到海内外瞩目"[①]。

以1935—1936年为例，高层职员中川籍人士由80%大幅下降到39%，教员则由72%降为59%，外省人超过川人。从教职员留学背景看，高层职员中留学日本者由53%下降为20%，教员由54%降为31%。留学欧美者分别由47%、46%上升为80%、69%，留学美国者又超过欧洲者。[②] 从教职员留学结构看，由"学日本"过渡到"学欧美"。

---

① 《四川大学史稿》编审委员会. 四川大学史稿：第1卷（四川大学 1896—1949）[M]. 成都：四川大学出版社，2006：158.
② 国立四川大学. 国立四川大学一览：职员名录[M]. 成都：国立四川大学，1936：1-20.

（二）学生范围扩大

在"国立化""现代化"办学思想指导下，国立四川大学招收学生范围转向全国。招生范围的扩大，体现了国立四川大学不再是一所区域性的学校，而是一所全国性的大学。

在任鸿隽改革之前，国立四川大学虽有"国立"之名，但其学生有96%以上为本省人士，只兼收4%左右的西南地区学生。1936年，学校派人刊登广告，在平、津、沪、宁、两广等地招生，当年外籍学生人数即达15%，"一二·九"运动后，平、津、沪、宁大批学生辗转入蜀，外省籍学生比例大幅提升[1]，学生生源结构得到调整，对国立四川大学而言也体现了培养全国人才的新宗旨。

（三）更新课程及设备，争取国民党中央支持

任鸿隽幼年曾接受过比较深厚的国学教育，青年时期留学美国，学习西方的自然科学。在他身上，体现了西学与中学、人文与自然的良好结合。面对四川大学文理学科设置不合理、课程繁杂不规范等现象，他立即召集教授们进行课程改革。改革的主要思想是重视基础学科，规定国文与英文为文、理、法、农学院一至四年级必修课程，以"树立国学及西学之基础"。

对以灌输式、讲授式为主的传统教学方法，任鸿隽强调各学科教学要"从主动方面发展"，"在尽可能范围内，渐渐的废除讲义制而代以参考或概要制"，"使教授与学生，有多的时间去自动研究或读书"。[2]

任鸿隽非常重视学术社团组织和科学研究，鼓励学生组织各种学术研究团体，积极参加科学研究，并注意与西南地区自然、社会实际

---

[1] 王东杰. 国家与学术的地方互动——四川大学国立化进程（1925—1939）[M]. 北京：生活·读书·新知三联书店，2005：181.

[2] 任鸿隽. 任校长演讲词[J]. 国立四川大学周刊，1935，4（1）：2.

第三章　四川大学的"国立化"：民族国家统一的手段和象征

应用结合起来。他在一次校会讲话中谈道："深望本校同学今后宜从事实际学术之修养，即国家一旦发生非常变故，亦可稍展所学，以为国用。"① 在他的积极倡导下，国立四川大学对西南地区自然、社会的研究取得了极为丰富的成果，为西南地区社会经济发展作出了重要贡献。

任鸿隽还积极争取他曾主持的中华文化基金会，改善学校的仪器设备；他积极规划改造皇城校舍，确定新校舍建设，为四川大学新校舍的修建多方奔走。他还在学校设立贷款基金和奖学金，帮助家庭困难的学子完成学业，奖励品学兼优的学生。"本校以往所收保证金，存而无用，决借发为贷费基金，现即从事贷费委员会之组织。""其实能在私立大学读书者，其家庭经济情形，多较宽裕，近国立大学，则多较窘迫，故国立大学奖学金尤为重要。"② 在他的带动下，其夫人、知名教授陈衡哲率先拿出200元设立奖学基金，每期奖励一定数量品学兼优的学子。

任鸿隽对川大的改造也得到国民政府和蒋介石的直接支持。据《国立四川大学周刊》记载："本校为西南最高学府，负有复兴民族文化之重责。自任校长视事以来，除对课程之整理，教职员之遴选，业均就绪外，而于图书之购置，仪器之设备，校舍及体育场馆，与夫科学馆农场之建筑，均有缜密远大之筹划，预计三年之内，分别缓急，次第完成。前将计划缮呈蒋委员长核阅请助，已奉电允予'负责主持'，则本校将来之发展，殊未可限量。"③

蒋介石不但亲自审阅川大建设的计划，还指令教育部、财政部予以经费支持，多次接见任鸿隽校长了解川大发展状况。1935年8月28日，"蒋委员长召见任校长，垂询本校近况甚详并有所指示，关心

---

① 任鸿隽. 任校长报告[J]. 国立四川大学周刊，1936，4(20)：3.
② 任鸿隽. 任校长报告[J]. 国立四川大学周刊，1936，4(20)：2.
③ 佚名. 任校长建设本校计划蒋委员长电允"负责主持"[J]. 国立四川大学周刊，1935，4(3)：1.

同学体魄,嘱注重军事训练"①。

三、国难教育和国家观念培养

任鸿隽着意把培养学生的国家观念作为"国立化"目标的一部分。他指出,川大学生"不必"成立"同乡会等狭义组织",他希望学生"要准备将来作一个国际上的大人物,不然也要做一个一国的国士,不要准备只作一县或一乡的乡人"②。

(一)系列举措

任鸿隽任校长后,川大开始举行升旗仪式。1935年10月18日,理学院首次举行升旗仪式,院长周太玄解释国旗的象征意义:"能使全国上下,无论老幼贤愚,一见面感觉国家存在着,则莫国旗若。""此后每日升降旗时,吾人宜善体斯意,多少可促起吾人为国家服务之精神与努力也。"③

学校还成立了体育委员会,由校务会议直接领导,任务是大力开展体育活动,"注重体育的普遍化,务使全校师生有强健的体魄,作振兴之准备"④。

"九一八"事变后,四川被有识之士认为是"中华民族复兴的策源地和根据地",大批北方沦陷区的知名教授也抱忧国忧民之信念来到四川大学。任鸿隽从国立化的角度注重教育与救国的联系,在1936年1月给蒋介石的报告中说自己"在可能范围内,极力筹设有关国难应用之科目,以期应付当前之严重国情"。他在给教育部的国难时期特种教育意见司的建议中提出两条:第一,应改变"目前大学之教育多偏于空虚无用之理论"的现状。"国难当头,一物一器之有

---

① 佚名. 蒋委员长召见任校长 [J]. 国立四川大学周刊,1935,4(4):5.
② 任鸿隽. 任校长报告 [J]. 国立四川大学周刊,1937,5(22):3.
③ 佚名. 理学院旗台开幕典礼 [J]. 国立四川大学周刊,1935,4(7):8.
④ 《四川大学史稿》编审委员会. 四川大学史稿:第1卷(四川大学 1896—1949)[M]. 成都:四川大学出版社,2006:172.

无，动关民族之存亡，故非极力提倡实用精神不可。鄙意除文、法各科应多授本国历史及国际知识，以唤起民族意识外，理工各科应责成各校，就地域所宜研究平时或战时必须之制造工程一种，其工作之种类则由各校报告于教育部，为之统筹而分配之。"第二，"应付国难最有效之一点在造成强健的国民。应把仅在一年级中推行的军事训练普及于大学全体学生。减少教室功课时间至三分之一，以其时为户外作业及锻炼身体之用"[①]。

1936年5月，学校成立了以任鸿隽为主任的"国难教育委员会"，每周请知名教授举办抗日救亡讲座，各学院也制订了"国难"教育计划，课程作了相应调整。[②] 如文学院特别学科为"东北史"，法学院删除一部分"不适合非常时期需要"的科目，增设"战时经济"，理学院数理系增设"军用无线电""光学仪器原理"，化学系增设"军用化学"，农学院增设"防空林之设施"，科学研究亦开展有关国难项目的专题研究，这些研究成为抗战期间的国立四川大学科学研究的特色。[③]

全面抗战爆发后，国难教育改称战时教育，国民政府吸收了四川大学的经验，发布了《战时各级教育实施方案纲要》。

（二）国难教育和民族国家观念的塑造

为了开阔学校师生的眼界，营造良好的学术氛围，以及对学生进行国家观念的培养，任鸿隽凭借他在中华文化基金会和学界的人脉，从全国各地请来众多著名学者、教授到国立四川大学定期进行科学研究前沿和时政问题方面的演讲。其中，黄炎培、晏阳初、陈衡哲等人

---

① 王东杰. 国家与学术的地方互动——四川大学国立化进程（1925—1939）[M]. 北京：生活·读书·新知三联书店，2005：187-188.
② 王东杰. 国家与学术的地方互动——四川大学国立化进程（1925—1939）[M]. 北京：生活·读书·新知三联书店，2005：188.
③ 《四川大学史稿》编审委员会. 四川大学史稿：第1卷（四川大学 1896—1949）[M]. 成都：四川大学出版社，2006：174.

◎ 民族国家进程中的近代大学：从尊经书院到国立四川大学

的演讲，都从民族国家命运的角度对时局进行分析，给川大师生以强烈的震撼，激发了师生强烈的民族国家意识和爱国热情。

根据《国立四川大学周刊》记载，1936年2月24日，黄炎培在国立四川大学作《大四川之青年》的演讲。① 黄炎培先生首先讲道：

"四川是很重要的地方，尤其是国家多难时期的四川，更为重要。但是，我对四川的不紧迫感非常不满意，特别是华北危急，国家民族危急的情况下，假若有这样一天，四川能偷安一隅吗？"②

接着又讲道："兄弟在九一八之前只谈教育，不谈其他的，但这五年来，也谈别的，因为整个国家没有办法，教育任你怎样努力，总是很少办法的。"怎么办呢？"只要大家肯努力，眼里心里有国家，将来自会有办法的。"③ 黄炎培告诫四川青年首先"眼光要远"。他到日本，看见日本训练他们的国民到中国东北去；在日本乡村也能见到挂着中国东北的地图；日本甚至在大街上的公交车广告上都在宣传中国东北的好处。而在中国，在省一级的官员办公室也很难看见一张自己国家和省的地图。他告诫青年们："就是做梦也要做国家的梦，不要做思乡的梦！""对于国事应时时随时随地注意。"④ 他还建议："功课之余要向社会上去活动。""读书的时候，固然要读书，但在功课之余可做些有目的有组织的社会活动，因为中国一般民众的国家意识太浅薄，最多也只知道一点修身齐家的道理，国家存亡，似无与焉。""像这样下去，假如日本有一天打进来，只让政府来抵抗，民众不管，那真是要到'必也亡国灭种'的地步。""课外活动是要有目的有组织，要以拯救国家民族为出发点，这样才有意义有效果。""以上两点，仅言其纲，不过给诸位在努力救国的途径上一些参考而已。"⑤ 黄炎培也强调学习研究的重要性："其次我觉得在读书之外，还得从事研究。

---

① 黄炎培. 大四川之青年 [J]. 国立四川大学周刊，1936，4 (25)：1—2.
② 黄炎培. 大四川之青年 [J]. 国立四川大学周刊，1936，4 (25)：2—3.
③ 黄炎培. 大四川之青年 [J]. 国立四川大学周刊，1936，4 (25)：2—3.
④ 黄炎培. 大四川之青年 [J]. 国立四川大学周刊，1936，4 (25)：3.
⑤ 黄炎培. 大四川之青年 [J]. 国立四川大学周刊，1936，4 (25)：4.

四川是特别富于宝藏的地方，我们可以实地取材加以研究。""四川值得研究的所在都是，诸位可随时加以注意和探讨，于国于己都有很大的益处。""在学校读书的时候，应该多求一点实际知识，否则就是毕业，一个空头学士，不独无备于时艰，连自己的出路也靠不住。"而"现在国家很注意军事训练，这是很好的事情，不独可以锻炼人民的体格，并且是建强整个民族的要图"，所以"大学校也应该增加军训的时间，使学生多得军事知识的机会"。① 此外，黄炎培还指出：

> 国家的现金，倘若尽自让它向外流，则将来国家一旦发生战争，就是要去买抵抗外人必须的军火的时候，也没有了。所以今后，各人应自本身做起，不买一文钱的洋货。若再买一文钱的洋货，国家就少一文钱，就少一分御侮图强的力量，也就减少国家一分生存的希望，就是断丧国家的生命，换句话说，就是自杀。②

他勉励四川青年们，要用实际行动来拯救民族国家：

> 最后我向诸位说的，中国人向来是只会说不会做，尽管高调唱得冠冕堂皇，但实行简直很少看见。我们知道四川弄得这样糟，是谁的责任？还不是些军阀在作祟，前一次我看见四川不知那一县的县志，翻过来一页就是驻扎该县的某军官一篇序文，对于人们之疾苦，与夫应兴变革之各端，说得淋漓尽致真透极了，不知人民这些疾苦，是谁赏赐的呢？应兴变革这是谁的责任呢？那真是天晓得。
>
> 所以我们今后要说就得做，不要言行相违，那才有办法，国家才有救！中国今后的责任，必须要青年负起，尤其是大学青年。尤其是诸位！③

---

① 黄炎培. 大四川之青年 [J]. 国立四川大学周刊, 1936, 4 (25): 4.
② 黄炎培. 大四川之青年 [J]. 国立四川大学周刊, 1936, 4 (25): 4.
③ 黄炎培. 大四川之青年 [J]. 国立四川大学周刊, 1936, 4 (25): 4.

◎ 民族国家进程中的近代大学：从尊经书院到国立四川大学

1936年3月14日，晏阳初在国立四川大学文学院礼堂进行了演讲。① 晏阳初是四川巴中人，当时已是闻名中外的平民教育家。他在演讲中详细讲述了自己的平民教育主张，即从中国当时农村社会的实际情况出发，针对中国农民现实存在的问题，富有创见地提出了解决方案。他的平民教育和乡村建设思想可以概括为："一个发现"，即平民的潜力、大脑开发是最大的"脑矿"；"两个发明"，即平民教育和乡村建设；"三大方式"，即学校式、家庭式、社会式教育方式；"四大教育"，即文艺教育、生计教育、卫生教育、公民教育，以此医治中国农民的"愚、穷、弱、私"四大病症，改造出具有知识力、生产力、强健力、团结力和战斗力的现代公民，实现民族再造、民富国强的目的。关于时局，晏阳初认为："中国最近已到了危若累卵的地步。"② "中国为什么会沦落到这亡国的分呢？有句话说得痛切，就是'忘本'。现在所谓一切新政也者，都莫从'本'字上着想……民为邦本，本固邦宁。"③ 晏阳初接着说：

> 一个国家必须全民均能作战，才有办法。能亡中国的只有中国人，中国要真能觉醒，不让中国亡，中国是不会亡的。④

> 兄弟从欧美回来，从没有做过别的事，天天在嚷培养民力，至现在稍有成绩，但将来如何？还得看大家努力的程度而定。叔永先生抛弃了许多更好的事不做，而毅然来掌川大，他是有抱负的，没有很大的抱负与决心，他就不会回来，他回来也不单为四川而回四川，他是为了整个民族。⑤

---

① 晏阳初. 培养民力与解除国难[J]. 国立四川大学周刊, 1936, 4 (26): 1. 注：《国立四川大学周刊》登录的晏阳初演讲稿，在《晏阳初全集》和《晏阳初年谱》里面都没有记载。特别是增加了一项"战斗力"，这是值得注意的。笔者在查阅川大档案时的意外发现，被四川省晏阳初研究会专门讨论，并决定将此次演讲收入《晏阳初年谱》，这也是笔者的一项意外收获和成果。
② 晏阳初. 培养民力与解除国难[J]. 国立四川大学周刊, 1936, 4 (26): 2–3.
③ 晏阳初. 培养民力与解除国难[J]. 国立四川大学周刊, 1936, 4 (26): 3.
④ 晏阳初. 培养民力与解除国难[J]. 国立四川大学周刊, 1936, 4 (26): 4.
⑤ 晏阳初. 培养民力与解除国难[J]. 国立四川大学周刊, 1936, 4 (26): 4.

这破烂不堪的四川，将来还得诸位来调整，并不是我恭维诸位，而是诸位的责任，而不是权利。①

著名历史学家、任鸿隽夫人陈衡哲教授则做了《国难期间青年最低限度的努力》的演讲②。"中国的病在哪里？青年在这个时期应该用什么方法来救国？""中国弄得这么糟，我们不应该恨日本，也不用恨英国，以至于其他列强。归根到底，只能怨自己不争气。假如我们自家能争气，谁也不能把我们怎样。"陈衡哲还历数了中国人"生活力的破产""生活方程（人生观）破产"的种种表现，最后她说，"我希望青年个个能造命，不独为自己造命，还要为社会国家造命"③。

教授江超西还专门作《四川大学之任务与中华民国之前途》的演讲，指出四川大学作为民族国家复兴根据地的重要地位。

教授们的演讲极大地激发了川大师生的民族国家观念，川大师生从此自觉地将自己的前途与民族国家的命运前途联系起来。

（三）任鸿隽的"意外"辞职

任鸿隽校长的国立化、现代化建校方略使得国立四川大学各方面都得到很大变化，受到教育部传令嘉奖和广大师生、社会舆论的高度评价。

1936年6月8日，全国6家通讯社列举了国立四川大学取得的十大成绩：一是组织机构进一步完善，学校设文、理、法、农4院11系；二是新校舍之建筑计划，设计、经费均已落实，即将破土动工；三是增聘大批知名教授，川大学术日渐增强；四是设立西南社会科学研究处，对川境及西南边境经济及民俗问题切实调查研究；五是设立民众法律顾问处，倡导师生理论联系实际；六是创设学生贷款及

---

① 晏阳初. 培养民力与解除国难 [J]. 国立四川大学周刊, 1936, 4 (26): 1.
② 陈衡哲. 国难期间青年最低限度的努力 [J]. 国立四川大学周刊, 1936, 4 (27): 2-4.
③ 陈衡哲. 国难期间青年最低限度的努力 [J]. 国立四川大学周刊, 1936, 4 (27): 4.

奖学金制度；七是建设农场、林场等农学实验基地；八是图书仪器显著增加；九是学术空气日益浓厚；十是体育活动蓬勃开展。①

正当川大发展蒸蒸日上的时候，任鸿隽却突然向教育部提出辞职。辞职的直接原因是任鸿隽夫人陈衡哲女士在其挚友胡适主编的《独立评论》上发表了《川行琐记》《四川印象记》，对四川的落后封闭及冬天的四川天气进行了抱怨。辞职的另一个主要原因是任鸿隽大刀阔斧的改革得罪了一些人，特别是四川地方军政要员把他作为国民党中央的代表，而不是川人和"自己人"，这是颇有意味的。

任鸿隽辞职的消息令川大师生极为震惊，川大教师联名致电教育部和任本人，恳切挽留，川大学生则成立了挽留任校长大会，通电指出：

> 本校自先生长校以来，校务蒸蒸日上，全校师生额手称庆。近闻先生忽将引退，群情惑然。现值本校正谋发展之际，尚非贤者高蹈之时，万恳早日回校主持校务，不独本校，亦国家民族之幸也。②

然而任鸿隽去意已决。1937年6月10日，中华民国教育部部长王世杰签署训令，同意任鸿隽辞职，由文学院院长张颐代理校长。任鸿隽携家眷出川，转道北平赴欧美考察。

任鸿隽的辞职，显示了"中央"与"地方"在大学的权力博弈，但也并不意味着"国立化"失败。事实上，任鸿隽的国立化举措，依然对川大发展影响深远。

代理校长张颐按照任鸿隽制订的治校方针，继续实施，使川大完成了国立化进程。经过任鸿隽、张颐几年的苦心经营，加之四川处于大后方，未遭战乱破坏，国立四川大学在抗日战争前夕，各项指标均位于全国高校前列。据《新四川月刊》统计，国立四川大学1938年

---

① 四川大学校史编写组. 四川大学史稿［M］. 成都：四川大学出版社，1985：208.
② 四川大学校史编写组. 四川大学史稿［M］. 成都：四川大学出版社，1985：180.

10月在校生人数为1200人（国立中央大学为1940人）、教授124人（国立中央大学160人）、经费72万元（国立中央大学172万元）、图书仪器费120万元（国立中央大学215万元），仅次于国立中央大学[①]。

然而，随着日本军国主义对华侵略的加深，近代大学和民族国家再次陷入生死存亡的困境之中。

[①] 《四川大学史稿》编审委员会. 四川大学史稿：第1卷（四川大学 1896—1949）[M]. 成都：四川大学出版社，2006：182.

第四章 "大后方"中的四川大学：民族国家复兴的种子

尽管中国的民族国家进程起伏跌宕，但中国近代大学仍然得到长足的发展，1927—1937年甚至被史家称为"黄金十年"[①]。然而，日本军国主义发动全面侵华战争，这个进程被迫中断。民族国家处于危亡之中，抗日救国成为压倒一切的主题，大学再不可能安居于象牙塔里。

一方面，作为民族国家保全和复兴的种子，大学纷纷迁往西部内陆，肩负起民族国家传承文化根脉的重要使命；另一方面，战争给中国近代大学带来灾难性的打击，中国近代大学也与民族国家一起陷入深刻的矛盾与痛苦中。

地处抗战大后方的国立四川大学，在此期间虽也经历从峨眉山搬进搬出，但相比之下损失较少。特别是国民政府迁都重庆，高等院校聚集西南，川大反而得到了"从边缘到中心""地方中央化"的机会，在民族国家保存与复兴中的地位显得更加重要，川大也由此而发展为国内一流大学。

---

① 孙任以都. 学术界的成长：1912—1949年 [M] //费正清，费维恺. 剑桥中华民国史 (1912—1949年) 下卷. 刘敬坤，叶宗敦，曾景忠，等译. 北京：中国社会科学出版社，1998：411.

第四章 "大后方"中的四川大学：民族国家复兴的种子 ◎

第一节　大学迁徙到大后方

日本军国主义蓄意对大学的轰炸和破坏，让中国近代大学损失惨重。校舍变为废墟，师生生命受到威胁，图书设备不复存在。民族国家危亡之际，近代大学也历经空前劫难。

尽管遭受前所未有的苦难和打击，中国近代大学仍然为了民族国家的保全和复兴，以坚强的意志和毅力，完成了史诗般的内迁。迁徙到大后方的大学师生们更以一种卧薪尝胆的精神，怀着与民族国家共存亡的使命投入学习研究中。他们有的投笔从戎，直接到前线参加抗战，有的结合自己的专业直接或间接从事与战争相关的研究和建设，也有的为了民族国家文化的传承艰辛而清贫地从事着基础学术研究。同时，大学内迁在客观上还为西部地区的社会、文化发展起到了促进作用。

一、战争对大学的破坏

1937年7月7日卢沟桥事变，日本军国主义悍然发动对中国的全面侵略。为了消灭中国的民族主义思想意识和中国文化，日本对中国的各级各类文化教育机构尤其是大学进行了大规模的轰炸。

日本认为，中国的各级各类学校都是反日集团，中国文化青年尤其是大学生都是反日危险分子。因此，日本军国主义要消灭中国的大学，要让中国人都成为没有民族主义文化和国家思想的奴隶和顺民，永远沦落到哀莫大于心死的精神状态，远不能从文化的种子中培养出复兴民族的事业。因此，日本刻意对占领区的高等学校进行了残酷的破坏。

（一）大学遭受的毁灭性打击

战争给刚刚成长起来的中国近代大学以近乎毁灭性的打击。

日军在战争一开始就蓄意对大学进行破坏。如对南开大学进行轰炸，使其沦为一片废墟，不但使学校设施遭到破坏，更给大学师生造成一种极大的心理创伤。在全面抗战爆发不到一年的时间里，中国高等学校数目从1936年的108所减少到1937年的91所，被破坏者94所；大学生人数从4万余人减少到2万余人；教师从7560人减至5657人[①]；高校财产包括校舍、图书、仪器设备，损失之惨重，实难估计。如北大丰富的藏书几乎全陷于敌手，仪器不能运出，仅吴大猷将三棱镜带出。清华大学抢出部分设备、图书，但在转运途中又遭轰炸，损失殆尽。据不完全统计，截至1938年8月，大学财产损失已达法币33 604 879元[②]，而官方报告的1940年国家直接税收则仅为92 441 020元。[③]

1937年11月5日，蔡元培、张伯苓、蒋梦麟、胡适、罗家伦等102位文化名人联合用英文发表声明指出："北至北平，南至广州，东至上海，西迄江西，我国教育机构被日方破坏者，大学专门学校23处，中小学则不可胜数。""诚所谓中国三十年建设之不足，而日本一日毁之有余也。""日人之蓄意破坏，殆即以其为教育机关而毁坏之，且毁坏之使其不能复兴，以外皆属遁辞耳。"[④]

川大也联合国立中央大学等高校，函电世界文化机构，声讨日寇破坏文化的罪行，希望世界舆论主持正义："日寇凭持暴力，迭犯疆土，欲蚕食中华，奴化华民。兵戈所及，凶残尤甚；掠夺屠杀，备极残酷。近于侵袭平津之后，更炸毁学校，搜杀学生，不图于兹文明日进之世界，尚有此等绝灭人理之恶行。"[⑤]

中国近代大学的正常发展进程因战争而中断。

---

① 董宝良. 中国近现代高等教育史［M］. 北京：人民教育出版社，1999：157.
② 董宝良. 中国近现代高等教育史［M］. 北京：人民教育出版社，1999：157.
③ 费正清，费维恺. 剑桥中华民国史（1912—1949年）：下卷［M］. 刘敬坤，叶宗敩，曾景忠，等译. 北京：中国社会科学出版社，1998：411.
④ 高平叔. 蔡元培全集（1936—1940）：第7卷［M］. 北京：中华书局，1989：191.
⑤ 佚名. 本大学致中央大学电［J］. 国立四川大学周刊，1937，6（1）：3.

（二）大学师生的困境

战争不但让一些占领区大学变为废墟，甚至使部分师生失去了生命。大批师生逃离家园，恢复校园生活遥遥无期，师生们遭遇了难以想象的困境与挑战。

朱光潜在国立四川大学的师生见面会上讲述了自己逃离平津的艰难和所见：

> 我所眼见的地方除了四川以外，所有教职员学生及一般人等，均在流离失所中。这次最大的损失，我认为是在文化方面。素负最大文化使命的北京大学、清华大学、师范大学、南开大学、中央大学、武汉大学、浙江大学等，或者已遭重大损失，或者因已竟酿成恐怖情势，也没有学生到校了。现在只有四川成都，俨然世外桃源。一般人虽然在报纸上见到前方战士的痛苦和敌人的残酷，究竟还没有亲自尝到战争的痛苦。他处的同学，不独无书可读，甚至无家可归，尤其是平津的同学，还正在被敌人残杀之中。[1]

战争不仅使大学师生牺牲生命，流离失所，也失去了从事学习研究的基本条件。即使后来迁移到后方的大学，也不过勉强恢复了上课。随着战争的延续，实际困难进一步加剧，图书资料、实验设备等物资严重匮乏，师生们不得不严重依赖课堂笔记和基本教科书，使不少课程和教学受到严重限制。

学习的基本物质条件没有保证，更加艰难的是连师生们的基本生活生存条件也受到严重的影响。在战争期间，师生们的生活水平持续下降，由于战时物资奇缺，物价飞涨，通货膨胀急剧，教授们一方面要从事教学科研，一方面还要被迫转向维持生计，学生们也是经常食

---

[1] 佚名. 本年度第一次纪念周 [J]. 国立四川大学周刊, 1937, 6 (2): 5.

不果腹，衣不蔽体，很多人与家庭失去联系，甚至抵押冬衣购买基本学习生活用具。

二、大学迁移及其意义

为了抗日救亡，实现民族国家保全与复兴，保存高等教育的有生力量，国民政府决定将统辖下的国立、省立、私立以及部属的大学、学院、专科学校、相当于专科的高职学校、外国在华的私立院校等中国高校，进行一次世界教育史上罕见的大迁移。

（一）大学迁移到大后方

东北、华北、华东、华中、华南的高校纷纷向西南内陆迁移。据统计，当时全国108所高校中有17所完全被战争破坏无法继续办学，有14所勉强维持在敌占区，其余77所全部被迫迁移至四川、云南、贵州、陕西等大后方。[1]

迁移过程中，师生们饱尝战争之苦。如东北大学，"九一八"事变后，先迁至北平，再迁西安，"七七"事变后迁至四川三台。北京大学、清华大学、南开大学首迁长沙成立长沙临时大学，仅一学期后又迁至昆明，更名为国立西南联合大学，并在四川叙永建立分校。部分师生徒步行走，历时68天，行程1680公里。浙江大学从杭州西迁浙江建德，再迁江西吉安、广西宜山，终至贵州遵义，跨越五个省，行程3000多公里，师生们经历的艰辛可想而知。

（二）大学内迁的重大意义

大学内迁具有极其重大的意义，专家们将其归纳为以下几点：

这是中国教育史上的一次壮举，保证了中国高等教育体系不致完

---

[1] 四川省志教育志编辑组. 抗战中48所高校迁川梗概[G]//中国人民政治协商会议四川省委员会文史资料研究委员会. 四川文史资料选辑：第13辑. 成都：四川人民出版社，1979：72.

全被破坏，中国高等教育的现代化进程不为战争完全中断；

这是民族国家文化保全和复兴的种子，传承了民族国家的文化根脉；

这是抗日运动的组成部分，对抗日民族运动、人才培养和学术生产以及中国西部教育文化事业发展都有积极深远的影响；

这是抗战时期中国政治、经济、文化重心西渐运动的组成部分，打破了西南地区的封闭状态[①]；

大学内迁开启了民智民风，培养了大批人才，加快了西南地区近代化进程。[②]

三、在峨眉的艰难岁月

由于蒋介石及国民政府较早确立四川为民族复兴的根据地，加之任鸿隽对川大的改革取得了较好的成效，代理校长张颐继续任鸿隽制订的建校方针，特别是四川在抗战前期没有遭到战争的破坏，因此在抗战初期，国立四川大学是国内保存实力最完好的大学，甚至因为教学科研条件相比其他大学更好而吸引了不少国内知名教授前来任教。沦陷区大量师生涌入，川大一度出现"繁荣"景象，成为大后方中的"首善之校"。

但是，随着战事的变化，特别是武汉失守之后，日本飞机进入成渝两地，成都遭到轰炸，再加上后来国民党要员程天放继任川大校长后力主迁校，国立四川大学迁移到了峨眉。从1939年6月迁校峨眉到1943年3月又搬回成都，国立四川大学在峨眉山度过了将近四年的艰难岁月，虽然没有沦陷区大学长途跋涉、颠沛流离的巨大痛苦和损失，但也经历了战争带来的困难，学校发展受到较大影响。

---

① 余子侠. 抗战时期高校内迁及其历史意义 [J]. 近代史研究, 1995 (6): 167-178.
② 侯德础, 张勤. 高校内迁与战时西南科技文化事业 [J]. 抗日战争研究, 1998 (2): 105-121.

（一）战争对川大的破坏

1938年10月，国民政府迁到陪都重庆，日本飞机遂加强了对重庆、成都的轰炸，极大地损害了四川人民的生命财产安全。日本将位于成都市中心的国立四川大学校区作为重点轰炸目标，川大皇城校区校舍遭到严重破坏，师生生命安全受到威胁。常常是刚一上课，马上警报连连，师生被迫躲避，教学无法正常进行。政府部门和学校都不得不考虑南迁峨眉。

1939年7月27日，成都遭到日本飞机最严重的一次大轰炸。据当时官方统计，日机当天出动了108架次，共投放了358枚炸弹，炸死炸伤1107人，毁坏街道82条，川大皇城校区和南较场理学院、法学院中弹着火，127间房屋被损，"为国求贤"的匾额掉在了地上，令人触目惊心。

四川大学于1939年4月呈准教育部迁校至成都以南160公里外的峨眉山。5月中旬，学校提前放假，6月租用1500部板车分水陆两路运输，途中遭遇各种自然和人为因素的破坏，损坏不少图书仪器设备等。历时两月，川大皇城本部和南较场理学院、法学院终于搬迁到峨眉山，成都只留下望江楼附近的农学院、植物园、气候测量所和化学研究所。川大和国内其他高校一样，为了躲避战争也进行了一次短途的迁移。[1]

（二）在峨眉的艰难岁月

1939年9月21日，川大在峨眉山校区复课。数千人的川大搬迁到峨眉山，打破了这个佛教仙山的宁静。川大只得利用峨眉山麓各大寺院为校舍，不足者即搭建竹棚为校舍补充。文、法两院设于伏虎

---

[1] 《四川大学史稿》编审委员会. 四川大学史稿：第1卷（四川大学 1896—1949）[M]. 成都：四川大学出版社，2006：209.

寺，理学院设于保宁寺和万行庄，校本部、教职员住报国寺、红珠山等处寺庙。

峨眉山根本无法容纳川大数千师生生活，加上交通阻塞，物资严重匮乏，缺医少药，诸多不便，生活十分清苦。"师生'上课讲义难，自修座位难，吃饭过时难，睡觉臭虫难，下雨道路难，晚上灯光难'"①。学习生活均感紧张。入秋后，山中淫雨不止，行路艰难，体弱多病者更是苦不堪言。中文系主任向鲁病死山中，灵柩停于山上将近一年，家属无力迁回家乡安葬，最后经师生努力才转水道运回。②

因为交通不便，仪器设备、图书均感缺乏，川大师生深感峨眉山"风景固佳，然只堪为学佛玩游之地，若用以训练荷负建国重任的青年干部实不相宜"③。但是，正是在这样的艰难环境之中，川大师生以民族国家的危亡复兴为己任，默默忍受困苦艰难，更加刻苦地治学研究，为民族国家的存亡和崛起保存力量。

第二节　国民政府对大学的全面控制

战争期间，整个民族国家机器都围绕战争而运转。民族国家的政治、经济、文化、教育都实行战时国家主义政策。动员整个民族国家的力量和资源为民族国家的危亡服务，也正是民族国家的功能，其合法性、正当性似乎也不容置疑。

然而，国民党政权通过党国体制进一步强化了其在社会各个领域的控制，思想文化领域更是首当其冲。通过向大学委派国民党要员身份的校长推行党化教育，加强对大学师生的思想行为控制，使中国近

---

① 《四川大学史稿》编审委员会. 四川大学史稿：第1卷（四川大学　1896—1949）[M]. 成都：四川大学出版社，2006：217.
② 《四川大学史稿》编审委员会. 四川大学史稿：第1卷（四川大学　1896—1949）[M]. 成都：四川大学出版社，2006：218.
③ 黄季陆. 关于迁校的谈话[J]. 国立四川大学周刊，1943，15（1）：3.

代大学在遭受战争的外在破坏之外，大学自治、学术自由的思想和实践也遭受沉重打击，其内在的矛盾和痛苦也不言而喻。

一、"抗日救亡"为最高宗旨

日本军国主义悍然发动的全面战争，使民族国家存亡面临严重的威胁，在生死存亡之际，整个民族国家机器被迫围绕战争而发动起来。

（一）救亡压倒一切

抗日战争全面爆发以后，一切为抗战服务，"抗日救国"成为这一时期整个民族国家的最高宗旨。

1937年7月7日22时，日军在距北平十余公里的宛平县卢沟桥附近进行挑衅性军事演习，并诡称一名士兵失踪，要求进入宛平县城搜查，遭到拒绝后发动进攻，是为全面侵华战争的开端。驻守的中华民国国民革命军第二十九军官兵奋起抵抗，打响全民族抗战第一枪，至此，抗日战争全面爆发，史称"七七事变"，又称"卢沟桥事变"。

7月17日，蒋介石在庐山发表抗战声明，指出"再没有妥协的机会，如果放弃尺寸土地和主权，便是中华民族的千古罪人"，号召"地无分南北，年无分老幼，无论何人，皆有守土抗战之责，皆应抱定牺牲一切之决心"，临到最后关头，"便只有拼全民族的生命，以救国家生存"[1]。

1939年3月召开的第三次全国教育会议上，蒋介石对教育人士训词说："今天我再不能附和过去误解了许久的教育独立的口号……应该使教育和军事政治、经济一切事业相贯通。"[2] 即必须将教育纳入国家战时体系和轨道。

---

[1] 郑洪泉，常云平. 中国战时首都档案文献 战时外交：上 [M]. 重庆：西南师范大学出版社，2017：376—377.
[2] 董宝良. 中国近现代高等教育史 [M]. 武汉：华中科技大学出版社，2007：167.

国民政府教育部迅速制定了一系列应对时局和危机的战时教育政策，特别要求教育方面，包括大学在内的各级各类学校实行战时特殊政策，必须为战时教育服务。

（二）战时教育选择

就在战火蔓延之时，教育界围绕战时教育展开了激烈的争论，主要有三种观点：一是彻底改革论，主张彻底将教育纳入战时轨道，认为抗战教育要通过"抗战生活"，才是有效的抗战教育；战争本身即是一种教育，战时教育的"一切活动应集中于抗战"，"所谓战时教育即是在总动员与敌人抗战实践的教育"；主张战时教育应结合现实，动员训练民众，具体办法是裁并学校院系，缩短毕业年限，改变课程教材，化整为零，实地教学与自修函授等结合。二是维持现状论，认为教育舍弃树人之责，而直接从事造兵，势必自毁其系统，学生若以宣传代学业，则报国无术，教育乃百年大计，因此不应随时改变，而应储备专才以供永久之需。三是调和折中论，"要从各方面来支援军事，眼光放远，须从根本上充实文化"，即"应急之教育与正常教育二者不可偏"，据此，可分学校为原式与训练班式，以求标本兼顾。

从抗战之初教育部颁布的教育基本政策可以看出，政府基本上持维持现状论观点，"抗战属长期，各方面人才直接间接均为战时所需要，我国大学不甚发达，每一万国民中，仅有大学生一人，与英美发达国家相距甚远，为自力更生抗战建国之际，原有教育必得维持，否则后果将不堪。适应抗战需要，固不能不有各种临时措施，但一切仍以维持正常教育为其主旨"[1]。

1938年1月，国民党要员陈立夫被任命为国民政府教育部部长。3月，陈氏发表《告全国学生书》，称"教育为立国之本，整个国力之构成，有赖于教育，在平时然，在战时亦然"，"但是后方之于前方

---

[1] 董宝良. 中国近现代高等教育史 [M]. 武汉：华中科技大学出版社，2007：147.

人力物力上之不断接济，以社会巩固与秩序安定为第一要着。学校为知识分子之所荟萃，更有为社会负风声之责任，故战时学校之秩序，更须严格纪律，服从师长领导以达整齐严肃军事化之目标"[①]。

二、战时国家主义教育政策

国民政府进一步颁布了一系列战时国家主义的政策法令，目的是将教育纳入战时轨道。国民政府的战时教育政策和措施的核心思想则是：着力唤醒"国民意识"，振奋"民族精神"，精简课程，实施国家主义教育。

（一）政策的制定

1938年4月，南京国民政府颁布了《中国国民党抗战建国纲领》，其中教育部分纲领为："加强民众之国家意识，使能辅助政府肃清反动"，"改订教育及教材，推行战时教程"，"训练各种专门技术人员，以应抗争需要"，"训练青年，俾能服务于战区及农村"。[②] 凸现了国家危亡之际国家主义教育的紧迫性。

战时国家主义的教育旨在通过民族国家政权发动整个中华民族的力量，为赢得抗日战争的胜利起到重要的作用，但是国家对学校师生的控制也随之前所未有地加强了。

1938年4月，国民党召开临时全国代表大会，制定《战时各级教育实施方案纲要》，提出"九大方针"：一是三育并进。二是文武合一。三是农村需要与工业需要并重。四是教育目的与政治目的的一贯。五是家庭教育与学校教育密切联系。六是对于吾国文化固有精神所寄之文学哲艺，以科学方法加以整理发扬，以立民族之自信。七是对于自然科学，依旧需要迎头赶上，以应国防与生产之急需。八是对

---

① 陈立夫. 教育部陈部长告全国学生书[J]. 国立四川大学周刊, 1938, 6 (17)：1-3.
② 转引自董宝良. 中国近现代高等教育史[M]. 武汉：华中科技大学出版社, 2007：144-145.

第四章 "大后方"中的四川大学：民族国家复兴的种子

于社会科学，取人之长，补己之短，对其原则整理，对于制度应谋创造，以求一切适合于国情。九是对于各级学校教育，力求目标之明显，并谋各地平均之发展，对于义务教育，依照原定期限以达普及；对于社会教育与家庭教育，力求有计划之实施。①

（二）加强对大学的控制

国民党临时全国代表大会制定的《战时各级教育实施方案纲要》规定了17个要点，其中第六要点规定"订立各级学校训育标准，切实施行导师制"，第八要点规定"对于管理应采取严格主义"，"中等以上学校一律采用军事管理办法"。②

陈立夫甫一到任即颁布《教育部训令》："本部为矫正现行教育之偏于知识传授而忽于德育指导及免除师生关系之日渐疏远起见，经制定中等以上学校导师制纲要，呈奉行政院令准备案。兹将该项导师制纲要颁发施行；为求推行尽利并举述实施应注意之各点。各校应急遵照办理，于文到一月以内将遵办情形具报。"③

《导师制实施纲要》要求导师对学生思想、行为、学习、生活均要密切关注，记录在案，作为学生毕业和参加工作的依据；导师定期向学校主任、家长汇报，学生不服管束的，学校应予以开除；导师制推行"校长管、训导主任管、教务主任管、导师管、训育员管、教官管等，有的地方还加上国民党区分部、三民主义青年团部"④。大学师生的活动受到严密控制和监督。

国民政府对大学的控制因战争而达到一个前所未有的程度。在意识形态上，党化教育进一步加强；组织上，国民党分部、三民主义青年团部遍布大学，党团员泛滥；行动上，师生活动受到层层监督和控

---

① 董宝良. 中国近现代高等教育史[M]. 武汉：华中科技大学出版社，2007：145.
② 董宝良. 中国近现代高等教育史[M]. 武汉：华中科技大学出版社，2007：146.
③ 佚名. 教育部训令[J]. 国立四川大学周刊，1938，6（26）：5.
④ 《四川大学史稿》编审委员会. 四川大学史稿：第1卷（四川大学 1896—1949）[M]. 成都：四川大学出版社，2006：210.

制。国民政府以战争和民族国家的名义，逼迫大学师生不得不放弃自己的基本权利，大学自治和学术自由的理想愈来愈受到压制。

三、对川大师生的影响

民族国家遭遇的险境和国民政府的战时教育方针政策都使国立四川大学教育教学生活发生了改变。为民族国家抗战大业服务是大后方大学的主要工作，川大不但接收了大量占领区的外校学生，也新聘一些来川的国内知名教授。同时川大师生无时无刻不关注着前方战事和国内外形势，一方面发奋学习，时刻准备报效国家，一方面尽可能地在后方通过各种方式支援抗战。与此同时，国民党政府通过战时教育政策也加强了对川大师生的监督和控制。

（一）为抗战服务

为了支援前方抗战，川大师生自觉厉行节约，踊跃捐资捐物，购买国债，捐款购买飞机，成立"大学后援宣传会"，到四川各地宣传抗日救国。《国立四川大学周刊》中《本大学抗敌后援会近闻》记载：

> 8月31日，由郫县冒雨出发，各队员一律赤足徒步，精神奋发。虽衣衫尽湿，尤硬干不已。晚，居农林校，书漫画地图十余张。9月1日，假福音堂作化妆宣传，共宣传两场。每场各演话剧《反抗》《东北的农民》等两幕。唱歌曲十余曲，讲演五次。听众踊跃，合计千余人。情绪紧张，莫不咬牙切齿欲得日寇头颅而甘心。[①]

1937年9月20日上午，川大校长张颐在总理纪念周会上演讲：

> 在这个国难最重的时候，我们这里虽然还未受到惊恐，切不可自引为幸。这次中日战争，是一种全面战争，绝不是某一部分

---

① 佚名. 本大学抗敌后援会近闻 [J]. 国立四川大学周刊，1937，6（2）：17.

的事体。或胜或败，都是我们全民族的生死关头，所以我们四万万同胞，应该一致起来以全力抵抗；须知道前方将士既在枪林弹雨中拼命杀敌，我们在后方的民众，也应当有种种的准备和援助。四川为最后根据地之说，我过去说过，务希其不至实现。但是现在居然是这样了，四川省府的刘主席现已任第二路预备军司令长官，所以我们大家要担负后方的责任，不能旁贷。我们现在要做的事，大约可以分为两项：（一）一方面是根本的。在我们大学的目的，是在造就人才，领导全国民众。所以受了大学教育的青年，应当担负物质之准备及精神之修养——即人格之修养。（二）再一方面是临时的。如像现在还有许多人仍然是在醉生梦死地过生活，尚不知中国目前之危急。我们就应当负责宣传，务使全国人共同努力，上下一心。像这样，才能有毁家纾难，竞买公债的人起来。如果我们能够这样热心，那末，以五万万的公债，就是我们四川一省就可以买完。此外我们四川人还要特别注重，在工业上的投资，以辅助国家的急需。这类的事，也很希望大家随时随地宣传。

此外，还有我们立时应当做的，就是节约用费；然后再把我们节省下来的拿去补充前方士兵的物质生活。这种办法，在欧战时，各国亦均行之有效。那时我在美国，他们对于饮食方面，也都限制很严；战后到了德国，行之更严，须得两岁以下的小孩子才能吃牛奶。我们现在也要采用他们这等精神，才能对敌人作长期抵抗；必须长期抵抗，才能得到最后的胜利。

再有须得提到的，即是借读生来到我们学校以后，诸位同学都要受点挤，大概稍有点不方便。诸位对于这件事，应当乐意为之，因为在这国难时期，是彼此大家的不幸，是应当利害与共的。

又统治委员会有提议，本校全体学生均须加入军训；即是准备将来前方缺乏军队时，要由后方的人们补充。在欧战时，德国即如此实施过。初去时就是当士兵，渐次即补充军官。本大学当着这样的国难期中，当然也应作如此准备。①

（二）推行训导制度

如前所述，蒋介石在庐山训练团训话中提出"管、养、卫、教"的方针，对教师和学生进行严格的控制和管束。国民政府教育部随即出台了一系列战时教育措施，陈立夫出任教育部部长之后，更是在全国中等以上学校积极推行导师制度，特别是国民党要员程天放任四川大学校长后积极执行，为此《国立四川大学周刊》还专门刊登了"本校积极推行导师制"的新闻，形成了校长管、训导主任管、教务长管、导师管、训育员管、军事教育官管等多个层次，先后议定了学生惩戒规则、学生团体组织规则、学生请假规则等。据称，抗战期间，川大制定的各类管理学生的规章制度居全国高校之冠。②

第三节 大后方中的国立四川大学

抗战全面爆发，国民政府迁都重庆，政治、经济、文化中心也移向西南大后方，四川不再偏安一隅，而是由"边缘"走向"中心"。与此同时，国民党中央政权也加强了对四川的控制，"地方化"的高等教育也进一步"中央化"，国立四川大学真正成为一所"国立"和"中央化"的大学。

由于战时国内高校纷纷迁到大后方，许多全国知名的学者专家一时云集西南，再加上任鸿隽、张颐校长几年的苦心经营，又由于处于大后方未遭战乱破坏，国立四川大学在抗战前期各项指标均列全国高

---

① 张颐. 本年度之第一次纪念周 [J]. 国立四川大学周刊，1937, 6（2）：1—3.
② 《四川大学史稿》编审委员会. 四川大学史稿：第 1 卷（四川大学 1896—1949）[M]. 成都：四川大学出版社，2006：210.

校前列，仅次于国立中央大学。"中央化"成为这个时期四川大学的显著特征。

据资料显示，国立四川大学1938—1939年度上期在校生人数为1200人，而同期中央大学为1940人；教授124人，中央大学为160人；经费为72万元，中央大学为172万元；图书仪器费为120万元，中央大学为215万元。[1]

一、从组织上加强对学校的控制

国民政府迁都重庆，大批沦陷区大学迁到西南，国立四川大学的区位位置和战略重要性立即凸显，国民党也因此加强了对川大的控制。

（一）国民党中央委员程天放入主川大

1938年1月，蒋介石为了厉行党化教育，委派陈立夫任教育部部长，蒋介石在庐山军官训练团训话中提出"管、养、卫、教"的党化教育方针，且指派要员到各高等院校担任校长，加强对学校的控制。

1938年10月，国民政府迁都重庆后，四川成为国统区政治、文化中心，蒋介石坐镇重庆，直接控制四川，加速了四川"地方中央化进程"。1938年12月13日，陈立夫委派国民党中央委员程天放接任川大校长。

（二）川大师生"拒程运动"

1938年12月19日，行政院饬令四川大学代理校长张颐立即移交校政。川大老教授颇多，大多数人认为，国立四川大学乃西南最高

---

[1] 王东杰. 国家与学术的地方互动——四川大学国立化进程（1925—1939）[M]. 北京：生活·读书·新知三联书店，2005：299.

学府，四川学者中有很多人具备校长资望，教育部"未免有视蜀中无人之嫌"，同时认为"政府当局以党官、政客主持校政，是置乖方"①。因此，大多数教授主张拒程天放以示抗议，由朱光潜、魏时珍、董时进领衔，联合致电教育部、行政院，强烈要求其收回成命，并有朱光潜、魏时珍、董时进、龚道耕、向耕、何鲁之、邓胥功、冯汉骥、刘绍禹等60余名教授签名。教授们的主张得到地方绅耆响应，金陵大学校长陈裕光、光华大学校长张寿镛、华西协合大学校长张凌高等均表示支持，以四川省政府主席王缵绪，川康军政当局刘文辉、邓锡侯、潘文华为代表的地方势力也暗中支持"留张拒程"。

23日，上课教师宣布罢教，并公开了致教育部电文：

> 窃大学校长地位与普通行政官吏不同。进退黜陟虽由政府，而其道德学问必为社会所公认，而后可以为人师表。故政府有任免之权，而社会实司其选择之任，非可纯用政治权力，强之服从。使学术界教育界人士，一切如小吏之于长官，奉事惟谨而已也。故欧美大学校长，多行推选之制，其尊重学术，因而惟崇大学教授地位，不以寻常法令格之，意其盛也。②

陈立夫复电四川地方绅耆，强调"维持原案"，并声称："四川为今后抗战建国之策源地，川大实为西南培养人才之枢纽。""委座对国立四川大学人选审虑周详。""简命校长，权在政府。"他还训斥四川当局："国府迁川，中央近在重庆，经行政会议通过任命之国立大学校长，意不能顺利就任，有损中央威信，委座甚为震怒，责成四川当局协助解决。"③ 蒋介石也亲自致电王缵绪、邓锡侯、潘文华支持程

---

① 《四川大学史稿》编审委员会. 四川大学史稿：第1卷（四川大学 1896—1949）[M]. 成都：四川大学出版社，2006：206.
② 王东杰. 国家与学术的地方互动——四川大学国立化进程（1925—1939）[M]. 北京：生活·读书·新知三联书店，2005：277.
③ 王东杰. 国家与学术的地方互动——四川大学国立化进程（1925—1939）[M]. 北京：生活·读书·新知三联书店，2005：284.

天放。① 教授们的反对最终无效。

二、党化教育及对师生控制的加强

战时国家主义在川大不仅体现在国民党对川大的党化教育和对学校师生控制的加强，也使迁校峨眉时期的川大发展走向低谷。

（一）程天放的党化教育

身兼国民党中央委员的程天放一到四川大学，立即推行国民党政府的战时教育政策，特别是加强对师生意识形态和校内外活动的控制。

首先，国民党在川大加强发展党员，教职员工和学生加入国民党的人数迅速增加，到1939年达到400余人。程天放校长还报请国民党中央批准，于1940年4月成立了国民党川大直属区党部和三青团川大直属区队，师生思想自由与学术自由受到压制。

其次，推行所谓"一个主义""一个政党""一个领袖"，剥夺师生思想自由和学术自由。

最后，在一年级新生中一律增加"党义"课，由校长亲自主讲，列为必修科目，计算学分；成立党义研究会，出版《党义研究》月刊，研究会骨干成员可以留校任教或优先介绍工作等。

此外，还推行训导制度，严格管理，一年级新生日常活动完全纳入军事管理，全校学生一律变成小组，组长由国民党党员或三青团员担任。②

（二）峨眉时期的川大

为进一步加强对川大师生的控制，加之日本飞机的轰炸，程天放

---

① 《四川大学史稿》编审委员会. 四川大学史稿：第1卷（四川大学 1896—1949）[M]. 成都：四川大学出版社，2006：207.
② 四川大学校史编写组. 四川大学史稿[M]. 成都：四川大学出版社，1985：270-271.

积极主张川大搬迁峨眉。川大迁校峨眉，从政治上说进入了党化教育时期，从教育上来说则进入了一个低谷和挫折期。学校搬迁之前皇城、南较场、望江校区有土地两千余亩，校舍、仪器设备、图书资料等各方面条件都比较完备，经过任鸿隽、张颐两位校长的苦心经营，师资配备、学术科研都处于蓬勃发展的局面。搬迁峨眉后，学校远离西南文化中心，失去了学术发展的有利环境，简陋的条件给师生学习研究带来许多难以克服的困难，一些著名教授也因为条件艰苦不愿到峨眉任教，加之国民党党化教育给师生带来精神上的桎梏，川大发展进入一个低谷时期。

但是正是在这样的艰难环境下，川大师生经过艰苦努力，仍然取得一些成就。主要表现在：院系得到扩充，有文、理、法、农、师5院23系；沦陷区学生纷纷转入，学生人数有所增加，1939年达到1376名；国民政府加强了经费支持，学校经费有所增加，1942年达到115.3万元，在全国国立大学中占第四位；历史考古、生物、化学、农学等学科得到发展，取得一些重要研究成果；师生积极参加当地的社会调查研究。鉴于教职员子弟和乡间儿童上学问题，教育系主任张敷荣主动创办报国小学，并与报国寺、伏虎寺住持一起成为学校董事，将学校作为学生实习园地。[①]

三、成为内地"首善之校"

1943年1月，黄季陆就任国立四川大学校长，学校由峨眉迁返望江楼新址。黄季陆着力办好号称"全国独善"的国立四川大学，使其成为当时全国规模最大的高等学校。

（一）黄季陆迁川大回成都

黄季陆（1899—1985），四川叙永人。黄季陆在辛亥革命期间参

---

① 《四川大学史稿》编审委员会. 四川大学史稿：第1卷（四川大学 1896—1949）[M]. 成都：四川大学出版社，2006：218.

加了四川保路运动并加入同盟会，1924年从日本、美国留学回来后曾参加中国国民党第一次全国代表大会和西山会议，1931年选为国民党候补中央执委，1939年任国民党四川省党部主任委员，1943年任国立四川大学校长。

黄季陆知道川大师生不喜欢国民党校长程天放，自然也不会喜欢自己。但他深知川大长期在峨眉会严重制约学校的发展，他抓住师生厌倦在峨眉的艰苦环境而希望返回成都的心理，在就职后做的第一件事就是把川大从峨眉迁回成都，受到广大师生的欢迎。黄季陆在全校会议上强调："在我奉命继掌川大的时候，为了要替国家作育人才，便向教育部提出搬川大回成都的意见，否则我就不愿接受川大校长的职务。"为什么要搬回成都呢？因为峨眉"气候不佳，易生疾病，又加风气闭塞，聘请教授甚感困难，原有教授亦日久生厌，纷纷思去"。"峨山风景固佳，然只堪为学佛玩游之地，若用以训练荷负建国重任的青年干部实不相宜"。他还说："西南最高学府的川大，当时竟在神秘的山谷中残喘着，就整个世界而言，这的确是与时代相背驰的。因为今天是科学昌明的世纪，不是以前那些讲诗词歌赋和八股文章所支配的时代。"①

1943年3月18日起，川大搬回望江楼新校区，开始行课。由于得到教育部、四川省政府和社会各界支持，黄季陆筹得1500万元资金，陆续建设新的校舍、购买仪器和图书设备，国立四川大学再次步入迅速发展的时期。

（二）强调川大在民族国家进程中的使命

黄季陆多次对师生们强调："现代教育是促进现代国家国力的源泉。"他预感到抗战胜利后国立四川大学的重要作用，"在建国的大业

---

① 四川大学校史编写组. 四川大学史稿[M]. 成都：四川大学出版社，1985：283－284.

中竭尽其国立大学应尽的任务"，"适应国家的需要"。①

1943年10月7日，黄季陆为全校师生作了题为《川大的使命与今后的努力》的演讲：

> 还原川大最早的历史，我们可以远溯到清季尊经锦江书院高等学堂与存古学堂，从这些由经院学堂演变改进、三大合并以来之完整大学，有近四十年的历史。这四十年间，我们的国家从艰苦的革命历程，进入民族抗战，现在已是奠立了胜利的基础，踏上了建国的大道，而川大在这四十年中，也几与国家同其休戚，由辛苦的创造继续不断的努力，到今日亦已奠立了新的基础，此后更当配合国家之需要，在建国的大业中竭尽其国立大学应尽的任务。
>
> 上年将在峨眉各学院迁回成都，迁移工作在校内外师生与社会人士共同协力之下，得以顺利完成，这已足表现校内外师生对学校爱护之殷与社会人士对川大今后发展期望之切。迁蓉以后，因物质设备之未周，诸事草创，复来全校师生之忍耐撑持，得以渡过困难之时期，而渐进于整顿建设之境域，在物质方面，目前各项建设正详密计划，分期从事，限期完成，在教务方面，如原有教职员之不避艰苦，随校迁移。以前曾在本校任教或未曾任教之通人学者，都一样的本着爱护川大的精神来到学校，而本年招收新生应收者人数近万人，尤乎突破往昔纪录，象征川大光荣之校誉业已恢复，而新的发扬光大的基础已经奠定，这是值得我们兴奋而可以告慰前人的。
>
> 新的发展基础既已奠定，今后所应努力的是如何达到应尽的任务，适应国家的需要。我到川大时曾经提出不但要使川大成为全国最高最完善的学府，同时还要使川大成为世界上有名的完善的学府；初听此话的人，也许认为过于夸大，或渺茫而不易实

---

① 四川大学校史编写组. 四川大学史稿［M］. 成都：四川大学出版社，1985：283-284.

现,其实川大是已经具有了这种成功的条件,然其以为困难而或渺茫而并不从事于此,则是放弃了应尽的责任非特有负于学校,同时也有愧于国家的。

川大何以可能成为全国以至全世界完善之学府,这是因为川大具备了最优越的发展条件。抗战以来,四川是最安全的地方,也是战时教育最主要的根据地。川大便是在这安定的根据地中的最高学府。战事发生以后,有许多大学被敌人的炮火毁灭,流亡搬迁,备历艰苦,原有完善的设备部分或完全损失,新的补充一时不能达到预期的理想,只有川大在安定的后方未受到战争上直接的损害。当别的大学正忙于现状支持与逐渐的补充之际,川大已能更进一步的计划到将来远大的建设。一旦抗战结束,别的大学即使都能很快的迁回原处,而恢复旧观,势非短期所能办到;川大因基础巩固,准备充分,其能长足进展成为全国最高最完善的学府,是不难预期的。其次近代战争本无前后方之分,目前全世界主要的国家都卷入了战争的漩涡,亦即全世界主要的国家的大学都受到了战争的影响,即令其有程度的不同,而在战时战后不能如平时的进展则一。目前中国在世界政治上已经进入领导的地位,将来战争结束,在教育文化各方面亦必居世界主要地位,全国最完善之学府,则将来更进而为世界同名之完善大学,亦是理所当然,而事所必有的。

川大之前途既如是之远大光明,则今后工作之艰巨困难亦自不待言。必须克服一切的困难艰苦才能达到远大光明的理想,而欲求困难艰苦之克服首在精神之建立。我在这里要郑重地提出建立川大精神。川大精神是什么?简略言之即是建国的精神。因为今日是中国民族存亡绝续之交,也是中国文化继往开来的开头,我们必须认清我们的责任,适应当前的时代,以独立自主的思想运动为基础,发扬民族精神求科学知识,实践力行崇尚果敢,生活必循纪律,行动必守秩序,以教育为改造社会的动力,以社会之改造转移政治风气，期以树立现代化国家的基础，济中国于富强康乐，更进而共负世界人类之永久和平，这是现代中国教育应有的责任。我们要使川大成为全国最高最完善之学府，即应发扬此种精神勇敢的担当此种责任。

川大精神之建立与发扬，不是个人的事，有赖于全校师生之共同努力，需要全校同学的自觉自动身体力行，需要全校教师之倡导督促，以身作则。这艰巨的工作，非全校师生之协力不能成功，而以全校师生之协力同心，亦无有不能做到的事。今后在教务方面将以严考试重淘汰二事做起，这是建立川大精神最初步的工作。我希望全校同学都能顺利地通过这初步的历程，更进而担当伟大艰巨之使命。国父有言："建屋不能猝就，建国亦然，当有极强毅之精神，而有极忍耐之力量行之。"川大精神即是建国精神，则强毅之精神与忍耐之力量，当为求其实现之基础，如何实践笃行，这是有待于全体同学的努力了。[①]

黄季陆的演讲可谓将川大在民族国家进程中的使命与国家主义取向表达得淋漓尽致。

（三）四川大学成为国内一流大学

黄季陆一再呼吁川大要"在建国大业中竭尽其国立大学应尽的义务"，"川大是为国家培养人才的地方，所负的时代使命非常巨大"，因此，他决心使川大成为国内最完善的且向世界看齐的学府。川大也确实得到迅速发展，很快再次成为国内一流大学。具体表如下：

教育部加大经费支持。1938年教育部给川大经费的预算为53.7万元，1941年为83.9万元，1942年为115.3万元，较原有经费增加一倍以上。还有一些临时经费：1939年度为23万元，1940年度为美金8000元、国币16万元，1941年度为美金2.5万元、国币25万元。

---

① 黄季陆. 川大的使命与今后的努力 [J]. 国立四川大学周刊，1943，15 (1)：1-2.

第四章 "大后方"中的四川大学：民族国家复兴的种子 ◎

学校经费总额增加较大，"较之当时许多内迁高校经费总额的二十二分之一，在全国国立大学中占第四位"①。学校搬回成都后，单新建望江部分校舍及添置设备就募集到1500万元。在社会各界的支持和黄季陆校长的多方筹集之下，川大经费更是年年上涨。在校舍和图书仪器方面，1941年，成都望江楼新校址建成，落成图书馆、数理馆、化学馆、学生宿舍、食堂等，图书仪器设备均列全国高校前茅。

办学规模扩大。由于川大在西南地区享有盛誉，比起沦陷区迁来四川的学校办学条件优越，因而对广大中学毕业生很有吸引力。1943年川大搬回成都后第一次招生，报考就十分火爆。在提高录取标准的情况下，一年级招收新生和转学生就达到1706人，比原有在校生还多390人，以后逐年增多，超过当时号称第一的中央大学，更超过北京大学。川大学科门类更加齐全，共设置文、理、法、农、工、师范6个学院25系及2个专修科。

师资阵容强大。1943年川大仅有专职教授100人，搬回成都后，每年新增教授五六十名，教职工人数近千人。不少国内外知名学者云集川大，如中国文学系的向楚、李炳英、吴宓、钱穆、曾缄、林山腴、谢无量等；外国文学系的金尤史、谢文炳、饶孟侃、卞之琳、罗念生等；史学系的束世徵、徐中舒、冯汉骥、蒙文通、缪钺等；政法系的朱显桢、吴君毅、朱驭欧、裘千昌、彭迪先等；理学院的吴大任、柯召、李光涛、刘为涛、雍克昌、邹豹军等；工学院的程良骏、陈秉良、林致平、林启庸、何玉坤等；农学院的彭家元、陈之长、李驹、陈朝玉、刘运筹、何文俊、赵烈、李荫桢等；教育系的黄健中、邓胥功、刘绍禹、叶石荪、胡鉴民、张敷荣等。

黄季陆认为国立四川大学建设的目标，应当着重在科学的研究和科学人才的培养上，为国家奠立一点根基。无论现在和将来，都是极

---

① 《四川大学史稿》编审委员会. 四川大学史稿：第1卷（四川大学 1896—1949）[M]. 成都：四川大学出版社，2006：215.

为重要的。因此学校在广延名师、扩大办学规模、增加校舍建筑的同时，也注意树立"朴实敦厚"的校风、提高教学质量和开展科学研究。经过几年的努力，国立四川大学在各方面都得到迅猛发展。

到1945年抗战胜利前夕，来自全国的著名专家学者一时云集川大，学生来自全国各地，教学科研均为国内一流。国立四川大学不再是一所地方大学，而成为中央化的国内一流大学，被誉为内地"首善之校"。①

---

① 《四川大学史稿》编审委员会. 四川大学史稿：第1卷（四川大学 1896—1949）[M]. 成都：四川大学出版社，2006：215.

第五章　民族国家进程中近代大学呈现的特质

在王朝国家向民族国家转变的历史语境下，在民族国家的进程中，近代大学与西方教育体系一起被移植到近代中国。但是，这种从"器物"到"制度"再到"文明"的"西学东渐"，从某种程度上说，有我们主动去"拿来"的因素，但更多的是一种被迫和无奈的强加。在列强的压迫下，中国的民族主义被彻底激发，并贯穿于整个民族国家进程的始终。德国和日本因教育，特别是高等教育而崛起的神话，刺激着近代中国政治精英和知识精英的神经。大学成为救亡图存、构建民族国家的重要对策和基本途径，被赋予国家主义的理想。"清末新政"试图通过废除科举、创办新式大学来挽救王朝覆灭的命运；军阀混战和国民政府统一运动期间，大学国立化成为国家统一的手段和象征；抗战期间，大学更是成为民族文化保存和复兴的种子。中国近代大学与民族国家的命运紧紧地联系在一起而不可分割。

由此，在国家主义取向下的中国近代大学被刻上鲜明的时代印记，并表现出自身的复杂性、特殊性，救亡与启蒙的双重变奏、国家与学术的互动纠缠、自由与控制的张弛博弈正是其呈现的特质。

第一节　救亡与启蒙的双重变奏

在王朝崩塌、列强瓜分、民族危急存亡的历史语境下，国家主义取向成为中国近代大学的必然选择，救亡与启蒙无疑是中国近代大学面临的两大主题，并成为在民族国家进程中大学的"双重变奏"。

一、拯救王朝和国家观念启蒙

当西方列强用坚船利炮打开清王朝的大门，从鸦片战争到甲午中日海战再到《辛丑条约》的签订，清王朝逐渐沦为列强的半殖民地，成为列强瓜分的对象。在这种境况下，王朝开始分崩离析，大批仁人志士意识到古老的中国正面临"数千年未有之大变局"。尤其是甲午海战的彻底失败，从王公贵族到地方士绅均意识到中国面临亡国灭种的危险。

在前所未有的危机中，古老中国的民族主义被激活，"想象的共同体"受到威胁，清朝的子民感到一种空前的被奴役和消灭的压力与恐惧。由此，拯救王朝成了晚清统治者及士大夫最迫切的使命。

随着报刊等新媒体的出现，随着商业的发展和新的交通方式以及电报、邮政等新的信息交流渠道的出现，更由于新式学堂和近代大学产生的一批新型知识分子的呼号宣传，使得民族国家的观念得以迅速传播，逐渐深入普通民众中，并被认同。

废除科举制度则切断了学人入仕的道路，教育的内容、形式、功能发生了改变。西方科学文化成为学校教育的主要内容，教育的目的不再只是入仕为官，而是面向社会、面向各类职业群体，教育同时成为推动社会革新、社会发展的手段，被赋予更多新功能。

当"清末新政"还未来得及推行之时，辛亥革命爆发了，王朝顷刻间崩塌瓦解，各省纷纷宣布独立。1912年1月，孙中山在南京宣布成立中华民国，颁布了《中华民国临时约法》，建立内阁，出任临时大总统，一个新的资产阶级民主共和国诞生了。中华民国是一个不同于清王朝的新的政权组织形式，尽管还未完全实现统一和对全国的统治，但它已是一种新的政治组织形式即民族国家。

中华民国的建立，宣布延续两千年的封建王朝的崩塌，一个新的民族国家诞生。但是，中华民国成立不久，辛亥革命的果实很快落到北洋军阀袁世凯手中,孙中山被迫让位,袁世凯当上大总统,民族国家实现对内统一、外争主权的使命远未结束。也就是说,民族国家的建设任务只是一个新的开始,民族国家进程还在路上。

在内忧外患的困窘局面下,需要一个可以应对时局的权威,即一个具有高度合法性和有效性的中央集权政府,以此来化解因传统帝国体系崩溃瓦解后出现的权威危机。然而事实是,在迈入民族国家进程和建设的时候,社会不但没有形成一个新兴的主导力量,反而在军阀混战下陷入四分五裂的割据状态。就这种情势而言,袁世凯为首的北洋军阀政权由于缺乏必要的合法性和有效性,无法担负起近代民族国家建设的重任,反而因其政权内在的传统属性而致使国家持续衰败。

"救亡"并非以一个真正业已存在、需要拯救的"中国"为目标,而是一个濒临亡国灭种的"想象"中的"中国",即由民族的文化传统、共同的语言、文化、记忆和认同而构成的"中国"。因此,"救亡"时需要唤醒民族意识,重建国民认同,需要"启蒙"。救亡与启蒙并非对立,而是统一的"双重变奏",都指向建立一个现代化的民族国家。

在列强瓜分、传统失落的背景下,中国近代民族意识觉醒,形成了民族主义的逻辑顺序:启端于中华民族反抗外辱,以建设一个现代民族国家为旨归。"反抗"与"建设"构成了民族主义的两个面相(言说中国近代的社会运动与思想,早有"救亡压倒启蒙"的经典论式,提示着救国的共同母题)。虽然在选择"工具""手段"和实现路径上难以一致,但其根本的目标仍是建设一个独立、统一、富强的现代民族国家。

民族国家观念,不仅仅强调"个人"意识以否定宗教神性,还有建构民族国家这一世俗任务。同样,对于近代中国而言,"民族国家"意识比"个人意识"更具强烈的现实意义。因为民族国家的重要特点就是要求在特定的国土范围内享有至高无上的主权,建立一个可以把政令有效贯彻至境内各个角落的行政体系,并要求国民对国家有忠贞不渝的认同感。

因此，从近代中国的民族国家建设和进程的历史逻辑来看，迫切需要一个新兴的现代化的主导力量来有效地对整个国家和社会进行整合、动员和治理，从而把中国引入一个现代民族国家建设的理性进程，国家主义也因此而甚嚣尘上。这一切有其历史发展的合理正当性。

近代大学制度的引入和产生，"其根本源自清末世界观的转变，新的世界观合法化了现代民族国家模式，使得民族国家的构建被视为国家富强的重要途径。而支撑现代民族国家模式的各种信念又直接或者间接地使人民理所当然地相信，学校教育制度是造就人才、实现国家富强的重要工具"[①]。

二、大学被赋予的期望

在王朝崩塌和民族国家进程开启的历史语境下，从"天下"到"国家"的历史转型中，如何去"臣民""家庭"意识而培养"国民""国家"意识？如何实现对内凝聚人心，维护国家的秩序、统一和富强，对外彰显主权，与列强抗衡？从张之洞到严复，从康有为到梁启超，再到孙中山，无一例外地都将目光转向了教育。通过教育实现民富国强、建构现代民族国家，已经成为当时的政治精英和知识精英的一种共识。

民族国家的教育体系、现代大学制度则成为民族国家建设的最重要组成部分。近代大学制度从一开始引入，就被寄予救亡图存的使命。然而，来自西方的近代大学制度，虽然与中世纪大学有不可分割的渊源，但是它的复兴与发展和民族国家的兴起与发展是分不开的。也就是说，近代西方大学制度是西方民族国家世俗教育体系的一个部

[①] 陈学军. 世界、民族国家与现代学校：重思我国学校教育制度的产生[J]. 教育学报，2009（5）：26–33.

分，尽管它仍然高举着学术自由与大学自治的旗帜，且有其独立性，但是毋庸讳言，从某种角度上讲，它是为民族国家利益而存在的。

所以，"清末新政"后如雨后春笋般建立起来的高等学堂不可能挽救王朝灭亡的命运，近代大学制度指向的是具有现代性的民族国家。日本和德国因为教育而崛起的神话，在辛亥革命推翻腐朽的王朝后，使中国近代大学与民族国家的命运紧紧相连，中国近代大学也有了自己的终极目标和理想，那就是：作为民族国家教育体系的部分而存在，为构建一个强大的民族国家而存在。

大学成为民族国家构建的部分，它肩负启蒙、开导民智的使命，领时代风气之先，站在时代的潮头。大学教授在学校和课堂发表对国家民族命运的设想和对时局的看法，进而影响大批学生，最终成为媒介舆论的焦点和中心，"学潮"风靡一时。大学是那个时代的中心、社会的晴雨表。

民族主义成为近代民族国家诞生以来的世界潮流。民族主义是唤醒民族国家认同、推动民族国家形成的强大动力。民族主义与国家主义相互统一，对外体现为民族主义，对内则是国家主义的要求。

启蒙何以必需？王朝崩塌之际，中国人只知有家庭而不知有国家，民族意识、国家观念之于普通大众是迷惘的、蒙昧的，开启他们的蒙昧，成为时代赋予近代大学和大学中的新知识分子的一个重大使命。

然而，在特殊的历史语境下，面临被瓜分和殖民危险的近代中国，不管是清王朝，还是北洋政府，抑或是国民政府，在一个个生死存亡的关头，救亡始终是压倒一切的迫切任务。他们试图通过近代大学，一方面完成对民众的启蒙，一方面实现救亡的使命。历史证明，承载着这样双重使命的中国近代大学必然在历史困境中作出国家主义取向的选择。四川尽管偏处西南一隅，但是晚清出国留洋（特别是日本）的青年人数在全国居于前列，民族主义、现代国家观念早已在四川近代知识分子中生根。辛亥革命前夕，四川士绅的保路运动打响反抗清王朝的第一枪，直接成为辛亥革命的导火线，为辛亥革命成功立下功劳。这些都与四川近代新学和高等教育的传播息息相关，与四川士林风气的改变和一批近代知识分子的产生直接关联。

"清末新政"后，科举制度被废除，新式教育机构产生，《钦定学堂章程》颁布，新式学堂如雨后春笋般涌现，从小学教育到高等教育的国民教育体系建立起来了。地处西南一隅的四川，历来有重视文教的传统，尤其是四川地方官绅认识到教育对一个地方走上现代化道路、为民族国家作出贡献的重要性。他们深刻认识到，只有首先发展教育，建设近代大学，才可以使落后的四川的文明开化赶上先进地区，也才能为民族国家的建设贡献力量。

从张之洞经营具有新学特点的尊经书院，到鹿传霖举办四川中西学堂，再到四川省城高等学堂的创建，四川终于有了自己的高等教育，并完成了从书院到近代大学的嬗变。历经辛亥革命的胜利、民国的建立、《大学令》的颁布以及成都师范大学、成都大学、公立四川大学的创建与合并（成立国立四川大学），在四川士绅的积极推动下，在吴玉章、张澜等校长的苦心经营下，近代大学制度终于扎根四川的土壤，并为四川近代化和民族国家进程作出了自己的贡献。

及至刘湘开放四川门户，四川军阀割据的防区制被打破，"中央军"入川、蒋介石视察川大、任鸿隽采取一系列真正国立化的措施，国立四川大学才真正成为一所"国家"的大学。"九一八"事变后，国立四川大学作为民族国家复兴、建设大后方基地的重要地位更加凸显出来，程天放入主川大，黄季陆将国立四川大学发展为国内一流大学，这些都充分证明四川大学的创建发展与民族国家进程的一致性和同步性。

在晚清时期，救亡一方面体现为拯救王朝不至于覆灭，另一方面是拯救中华文化的认同不至于于消亡。启蒙的任务在此时则是"睁眼看世界""师夷长技以制夷""新学""洋务"。当王朝覆灭的命运无法改变的时候，辛亥革命促成了封建王朝向民族国家的转型。民族国家虽然建立，但是军阀混战，国内仍旧四分五裂，帝国主义继续瓜分和掠夺中国，救亡的主题是反帝反封建，建立统一的民族国家以抵御外侮，使中华文化不至于消亡，启蒙的任务则成了民族国家观念的认同。"德先生""赛先生"的引进与近代民族国家相适应的系列制度和观念的启蒙，是包括文化教育、近代科学技术等内容在内的启蒙。因此，从这一时期的《国立四川大学周刊》可以看出，近代民族国家观念的培养、反帝反封建的师生活动、近代科学学术的介绍等占了相当的篇幅。

从"九一八"事变到抗日战争全面爆发，在民族国家生死存亡的关头，在大后方的国立四川大学成为民族国家人才、文化保存复兴的种子，救亡成为这一时期的根本主题。在《四川大学史稿》和《国立四川大学周刊》中，抗日演讲、宣传等活动成为主要内容。

由此可见，尽管在不同时期，救亡与启蒙有不同的内容，但是它贯穿于中国的民族国家进程之中，也是中国近代大学遭遇的基本困境。正是在这样的困境中，中国近代大学肩负特殊的历史使命，作出国家主义取向的选择（即救亡始终是最迫切的任务，启蒙也是为了救亡），民族国家的利益成为压倒一切的唯一选项。

三、川大师生的行动

不管是在晚清末年的保路运动和辛亥革命的斗争中，还是在北洋军阀统治时期的反帝反封建运动里，或是在抗日救国的激流中，川大师生都高举着爱国主义的旗帜，为了民族国家的命运，写下了可歌可泣的光辉篇章。[1]

（一）川大师生与四川保路运动

四川虽然地处西南，但是帝国主义的势力也已经深入西部内陆，

---

[1] 《四川大学史稿》编审委员会. 四川大学史稿：第1卷（四川大学 1896—1949）[M]. 成都：四川大学出版社，2006：99-109.

西方的传教士很早就到四川各地传教，教堂遍布全川。一些当地的教民依仗外国人在华特权，胡作非为，横行乡里，激起当地百姓的强烈反抗，四川很早就爆发了轰轰烈烈的反洋教运动，令清政府和帝国主义列强大为不安。1890年，重庆开埠，标志着帝国主义势力直接进入四川，随后重庆海关成立，重庆成为帝国主义列强侵略四川乃至整个西南地区的重要据点。《中日马关条约》签订以后，中国半殖民地化程度加深，各帝国主义纷纷在中国划分"势力范围"，日本开埠重庆并设立领事馆，英法德美也紧随其后，各帝国主义国家纷纷在四川设立洋行、公司、工厂，帝国主义的军舰船只在川江游弋，帝国主义的教会和学校深入四川的穷乡僻壤，从政治、军事、经济、外交、宗教文化诸方面，对四川展开了全面的侵略和争夺。[①]

如前所述，随着四川高等教育的产生，一批新的知识分子也随之诞生，四川士林风气也因之发生改变。四川高等学堂的学生对时局非常关心，他们是四川最早一批睁眼看世界的青年知识分子。和国内新式学校和高等教育设立相呼应的是留学生运动的兴起，四川高等教育的产生和留日学生潮流很快使四川知识分子完成了近代转向。新式学堂建立后，封建专制当局对学生的思想仍然控制得很严，以"中体西用"为高等教育宗旨。[②] 但是，晚清民主革命思潮的传播却猛烈地冲击着封建专制的藩篱，师生们目睹了清末朝廷腐朽、卖国的现实，积极参加四川的保路运动，为辛亥革命摇旗呐喊。

辛亥革命时期四川最突出的事件是保路运动，这个运动激发全省人民的反清起义，成为武昌起义的前奏；各新式学堂师生对辛亥革命的贡献，主要体现在积极参加保路运动上。

清光绪二十九年（1903年）七月，四川总督锡良奏请自修川汉铁路以后，西方列强中的英、法、美等国想方设法插手，企图攫取路

---

① 隗瀛涛. 四川近代史稿[M]. 成都：四川人民出版社，1990：106.
② 董宝良. 中国近现代高等教育史[M]. 武汉：华中科技大学出版社，2007：57.

第五章　民族国家进程中近代大学呈现的特质

权，川人以"不招外股，不借外债"进行抵制。清光绪三十一年（1905年）七月，改官办为官绅合办，绅总办由四川省城高等学堂总理胡峻兼任，使川汉铁路问题一开始就与学堂密切相关。清光绪三十二年（1906年），胡峻与薄殿俊等300多人又组成"川汉铁路改进会"，主张改官绅合办为商办。经过斗争，清政府被迫于次年3月又将官绅合办改为商办，成立川汉铁路有限公司，由胡峻出任副总理。清光绪三十四年（1908年）一月，胡峻又被邮传部任命为驻川总理。胡峻在办学之外，致力路政。他曾去欧美考察，购买器材，延聘技师，为修筑川汉铁路而积极奔走，并于回国途中，在东京加入同盟会。为修筑川汉铁路培养技师而附设在四川省城高等学堂内的铁路学堂的学生对铁路问题十分敏感，对清政府的卖国行径屡有谴责。青年学生基于保路、爱国、爱川，时有"越轨"言论，这是清政府不能容许的。清光绪三十三年（1907年）六月二十三日，四川代理总督赵尔巽竟命令各校"不准学生干预路政"，更加激起学生们的愤怒，引发了强烈的不满。

宣统三年（1911年）五月九日，清廷迎合西方列强的需要，宣布铁路国有政策，引起全国人民反对，川人更是群情激愤，奋起成立"四川保路同志会"，一致要求"破约保路"。学界也是一样，除了四川教育会的保路同志会以外，也有四川省城高等学堂的保路同志会、铁路学堂的保路同志会、四川通省师范学堂的保路同志会。高等学堂分设中学的郭开贞、李劼人等都参加了保路同志会的成立大会。[①] 师范学堂学生汪子宜在保路同志会上慷慨陈词，发表演说，提出"农民罢耕，工人罢业，商业罢市，学生罢课"的"四罢"主张，得到与会诸人和社会各界响应。

四川保路同志会兴起后，清廷也加紧了镇压。宣统三年（1911年）九月发生了四川总督赵尔丰诱捕保路运动的中坚人物蒲殿俊、罗

---

① 四川大学校史编写组．四川大学史稿［M］．成都：四川大学出版社，1985：283-284．

纶等9人，并开枪屠杀请愿民众的事件，酿成震惊省内外的"成都血案"。

"成都血案"发生后，四川省城高等学堂总理周翔（胡峻已于1909年病逝）为保护学生，急令学生中参加同志会者和有革命嫌疑的人，马上离校，一时离校者达40多人；接着宣布提前放假。其结果虽然分散了学校斗争力量，却使保路运动的火种迅速蔓延省内。

高等学堂、师范学堂和其他学堂的学生，面对赵尔丰对保路运动的镇压，有的回乡宣传、组织群众，有的参加以哥老会为主的同志军，拿起武器，投入到推翻清王朝的武装起义中。[①]

（二）五四运动中的川大师生

1919年5月4日，北洋军阀政府准备在丧权辱国的《巴黎和约》上签字。消息传来，举国震动。五四爱国运动在北京爆发了。消息经王光祈传到四川，立即得到成都学生的响应。而站在这个运动最前列的，就是国立成都高等师范学校的学生。

5月17日早上7点，国立成都高等师范学校致公堂前面广场上聚集了各校学生数千人，个个义愤填膺，一致商量对策，当时即展开游行示威。学生走上街头，沿途高呼："反对二十一条！""惩办卖国贼曹、章、陆！""誓雪国耻！"有的就在街头讲演。随后，学生们通电全省各县，号召一致奋起，反日救国。经过酝酿，联络各校学生救国会等爱国组织筹备迅速成立"四川学界外交后援会"，作为统一领导运动的机构。5月19日，北京中等以上学校联盟总罢课，不几天，成都学生也罢课，声援北京学生的爱国行动。5月22日，国立成都高等师范学校全体学生向北京有关方面拍发通电，要求惩办卖国贼，释放被捕学生。学生们的爱国热情振奋了各界人士。一场广泛的人民爱国运动以不可阻挡之势向前发展。5月25日，由国立成都高等师

[①] 四川大学校史编写组. 四川大学史稿[M]. 成都：四川大学出版社，1985：283—284.

范学校的学界人士发起，在少城公园（今人民公园）召开"学界外交后援会成立大会"，宣布四川学界外交后援会正式成立。到会有60余所公私学校学生6000余人，另有各界人士1万多人。由于无证不能入场，公园附近的大街小巷挤满了人，军警帮着维持内外秩序。[①]

（三）抗日救亡中的川大师生

"九一八"事件爆发后，反对日寇侵略，发动民众，进行国难教育成为川大师生活动的一个主旋律。据《国立四川大学周刊》记载，每次校长讲话、总理纪念周、教授的演讲等活动几乎都要谈到"国耻""国难"，都要号召学生们不忘国耻，努力学习，将来担负民族国家建设复兴的大任和使命。"七七"事变后，抗日战争全面爆发，川大迅速组织了"国立四川大学抗敌后援会"，校长、校秘书长亲自任后援会董事。后援会调集全校师生的力量，联合社会各界，积极开展捐款捐物慰问前线将士，到四川各地作抗日宣传演出，发动群众支持抗战，讲解抗战形势等活动，极大地鼓舞和激发了人民群众的抗战爱国热情，为抗日战争的最后胜利作出自己的贡献。

随着抗日宣传工作的深入，国立四川大学抗日救亡运动蓬勃发展。建立统一的领导全校师生进行抗日救亡的组织，不仅成为形势发展的迫切需要，而且也逐步具备了各种条件。国立四川大学抗敌后援会负责少城公园、中山公园、提督街、西御街、东御街、祠堂街、外东九眼桥、南较场、文庙西街等处的宣传。进步学生每日走上街头演说、演唱、张贴标语、散发传单、为抗日将士募捐等，受到广大群众热烈欢迎。除了在市内宣传外，又组织了两个宣传队，到温江、郫县、新都、新繁、德阳等县进行宣传。所到之处，唱救亡歌曲，讲救亡故事，让民众对亡国灭种有切肤之痛，在广大农村播撒下抗日救亡

[①] 四川大学校史编写组. 四川大学史稿［M］. 成都：四川大学出版社，1985：59—61.

的火种。[①]

救亡与启蒙成为近代大学在民族国家进程中的两个主题、两种面相和"双重变奏"。

第二节　国家与学术的互动纠缠

讨论中国近代大学面临的种种困境和关系，其实质和核心其实可以归结为作为学术机构的大学与国家之间的关系问题。弄清二者的关系，其他问题则迎刃而解。在民族国家进程中，作为学术机构的大学直接参与并塑造了"民族国家"，同时它自身也被打上"民族国家"的深刻烙印，国家与学术的互动纠缠则构成了时代的生动图景。

一、川大国立化引发的思考

国家、中央、地方与大学之间的关系，是川大国立化进程中最具启发意义的问题。

（一）围绕"国立"的"名"与"实"

1912年，蔡元培任中华民国教育总长，颁布《大学令》，宣布取消高等学堂建制。因1912年7月，中央临时教育会议决定全国只在北京、天津、山西设立三所大学，其他各省高等学堂都改为预科，川籍议员赁荣等力争在川设立大学未果，四川高等学堂遂更名为四川高等学校。但会议决定把全国分为六大学区，每个学区设立一所标志性的高等师范学校，分设于北京、南京、沈阳、武汉、广州、成都，成都师范学堂更名为四川高等师范学校。四川高等学校改办为大学之议案既然被搁置，以蔡元培为总长的北洋政府教育部遂于1916年5月决定四川高等学校与四川师范高等学校合并，改办为国立成都高等师

[①] 四川大学校史编写组. 四川大学史稿 [M]. 成都：四川大学出版社，1985：223.

范学校，学校正式被冠名"国立"。及至后来国立成都大学成立，国立成都高等师范学校改为国立成都师范大学，与公立四川大学合并为国立四川大学。

这个时候的"国立"与否对于四川士绅和各界并不重要，因为它既是四川"地方"主办，使用的也是"地方"款项。至于"归属"问题，大家似乎也并未在意和考虑。国立四川大学经费划拨和校长任命都由四川地方军阀掌控，更名和校长任免只是报国民政府教育部"备案"。因此，军阀混战时期的国立四川大学之"国立"是"有名"而"无实"的。只有当国民党中央势力全面进入四川，蒋介石视察川大，川大经费纳入国民党中央财政预算，国民政府教育部直接任命任鸿隽为川大校长之后，"国立"大学的称号才开始"名""实"相符。"国立"既是"中央"，又是民族国家"统一"的手段和象征。

（二）围绕"国立"的权力之争

四川大学国立化进程中，各方政治势力的运作和斗争清晰可见。

在国民党中央入川以前，主要表现为地方政治势力之间的冲突与争斗。从校长的更替来说，从吴玉章到傅振烈，再到张澜，背后分别有熊克武、杨森、刘湘的支持。刘文辉合并"三大"（国立成都大学、国立成都师范大学、公立四川大学合并定名为国立四川大学），是刘文辉统一四川的一个步骤，标志他在四川，不但在政治军事上打败了其他军阀，在教育界也打败了其他各军。"二刘"大战，刘文辉败退西康，刘湘重新掌控川大。川大校长的更迭，也反映了军阀势力在四川的更迭。杨森打败熊克武，刘文辉打败杨森，刘湘打败刘文辉，谁掌握了四川的权力中心，谁就自然掌握了或者自认为有理由掌握四川大学。

在国民党中央入川以后，权力斗争更加明显。为了取得对四川大学的控制权，川大校长的人选就成了非常重要的问题。四川军政当局自然希望由一个他们更加"了解"的"四川人"当校长，张澜、吴玉章以及后来刘湘极力推荐的晏阳初都是地地道道的四川人。以蒋介石为代表的国民政府则希望由一个更加具有"国家"立场的人作为国立四川大学的校长,最后选择了一个并不那么"四川"的任鸿隽当了校长。任鸿隽果然大刀阔斧地主张川大的"国立化",然而却受到四川军政当局的冷淡和成都地方媒体的"攻击",包括对他的夫人、非四川籍的陈衡哲的"讽刺"和攻击,以致任鸿隽很快即愤而辞职。①

(三) 围绕"国立"的"中央"与"地方"

正如前面所述,在国民党中央入川以前,即使四川大学早已冠名"国立",也是有名无实,即国民党中央"缺席",根本"不在场"。不管是最初的国立成都高等师范学校,还是最初几年时的国立四川大学,在国民党中央教育政策中都处于边缘地位。如在1922年的北洋政府国务院档案中,"隶属"机关一栏,只列举了北京、武昌和沈阳的3个高师,并未将成都、南京和广州高师列入在案。四川军政当局不管是校长人选还是经费问题,只需向教育部"备案",教育部批复总是办法可行,"准予照办",任由地方当局处置。直到1933年,国立四川大学的经费都还没有得到国民政府财政部的认可。②

国民党中央入川,四川军阀割据结束,蒋介石视察川大,川大经费才正式列入国家教育经费之中;任鸿隽被任命为川大校长,国立化进程完全开启。全面抗战爆发后,国民政府迁都重庆,四川成为民族国家保全与复兴的基地。国立四川大学不仅完成国立化,还进一步"中央化":国民党中央通过直接任命国民党大员程天放、黄季陆主掌四川大学,加强了党化教育和对师生的控制。同时,在经费、人力等各方面加大对川大的支持,国立四川大学已经不再是四川而是全国一

---

① 王东杰. 国家与学术的地方互动——四川大学国立化进程(1925—1939)[M]. 北京:生活·读书·新知三联书店,2005:98-151.
② 王东杰. 国家与学术的地方互动——四川大学国立化进程(1925—1939)[M]. 北京:生活·读书·新知三联书店,2005:98-151.

流大学。

因此，可以说，大学的国立化进程既是民族国家演进过程，也是"中央"与"地方"围绕大学互动纠缠的过程。

二、国家中的大学与大学中的国家

（一）从近代大学与民族国家演进看

国家与学术及学术组织——大学之间的关系问题，是一个不易说清的复杂问题，要弄清楚这个问题，我们还得回到二者的历史中去寻找一些线索。大致在11、12世纪的欧洲，博洛尼亚大学、巴黎大学是最早最具代表性的两所中世纪大学。而民族国家产生的标准，学界较为公认的是1648年的《威斯特伐利亚和约》确认欧洲众多小国家有自己绝对境内宗教的权力。也就是说，先有大学后有民族国家。据考证，nation一词最初就是大学中"同乡""同一个区域"的意思，后来才发展为有共同语言、文化、宗教等认同的"民族"含义。

在中世纪，大学是不属于哪一个区域或组织的，大学更像一个教师和学生的行会组织，它特立独行且免于强权和干涉，独立自由探究知识与学问，正所谓"上帝的归上帝，恺撒的归恺撒"，大学的归大学。然而，当1648年宗教战争结束，教权让位于世俗权力，民族国家随资产阶级革命而在欧洲确立并向世界各地散布。民族国家开始全面介入教育甚至控制教育，建立服务于自己的公共教育体系，这既反映了资本主义经济发展对劳动力素质提高的需要，也反映了培养新一代公民对民族国家认同和忠诚的需要。于是大学在18世纪末、19世纪初得以复兴。也就是说，民族国家的需要是大学复兴的动力和近代大学构建的重要甚至关键因素，近代大学也成为民族国家建设的手段。

因此，我们可以看到，一方面近代大学伴随民族国家需要而产生，服务于民族国家，并使之权力合法化；另一方面近代大学也被民族化了，逐渐失去了它的独立性和普遍性（或世界性）。民族国家进程中的近代中国大学更是体现了这一特征。可以这样认为，近代大学在民族国家进程中，国家与学术、国家与大学的关系越来越密切，越来越分不开而纠缠在一起。"近代化""现代化"在某种意义上就是指民族国家的兴建与崛起，通过此途径，使新的民族国家在世界上能与其他民族、国家竞争而屹立于世界之林。

（二）从中国近代大学与民族国家进程看

晚清以降，面对列强之欺侮和掠夺，一批有识之士先向西方学器物，再学制度，最终认识到清王朝落后的根本原因在于文明与西人无法相比，而东邻日本学习了西方之制度和文明后即可以迅速崛起而打败清王朝，不管是维新派还是革命派，均要求建立新的民族国家以对抗列强，中华民族才有复兴之可能。

"清末新政"，废科举、兴学堂、振工商、办企业，以期建立君主立宪政体。辛亥革命推翻了腐朽之清王朝，建立起中华民国，尽管政权被北洋军阀攫取，但此时之中国仍是一番翻天覆地的景象，共和取代了专制。总统、内阁、议会、宪法、民主共和取代了几千年的封建帝制，近代西方的民族国家制度移植到了古老的中国。尤其值得注意的是，作为学术教育制度中心的大学制度也被移植过来，中国的近代大学得以建立。中国近代大学制度建立伊始，就作为与王朝不同的民族国家的部分，国家与作为学术核心组织的大学之间的互动与纠缠便开始了。

按照马克思主义的观点，经济基础决定上层建筑，而上层建筑又反作用于经济基础并对经济基础起促进或阻碍作用。晚清封建王朝的经济基础是以农业为主的封建经济，决定了其落后的王朝国家制度和和八股取士的封建教育制度，这种教育内容必然是三纲五常伦理和四书五经，目的是培养封建士大夫。近代大学则是在王朝灭亡的基础上，完全从西方学习而来的，大学制度要求新的政治体制，是新的国家制度的重要部分，它服务于新的统治秩序和理想，培养的是民族国家的国民。

理解国家与大学学术的互动需要把握的是，二者关系中国家处于主体，是决定因素，但大学学术制度作为一种独立制度，有其独立性，新的民族国家需要新的学术制度，通过大学为其提供理论宣传、人力和智力支持。

（三）大学的工具性与独立性

近代国家形成和统一过程中利用大学为其国家目的服务，四川大学的国立化就体现了这一点。大学国立化进程中，国民党中央的权力和势力渗入西南地方，成为20世纪20—30年代统一运动中的一部分。大学的功能得以扩展并获得政治学上的意义。

然而，大学毕竟为独立之组织，不是政治行政之附属物，它有自己的根本追求，亦有自身固有的发展规律。大学自治与学术自由是大学的基本精神。如果大学沦为政治之附属工具，学者、学术之独立精神和人格价值必然受到贬损，科学探究、真理追求、为人类整体利益的更高目的就难以实现，大学最终会受到损害。

中国近代以来，由于救亡之紧迫，民族国家急于统一、急于对抗险恶之国际形势。军阀、集团、暴君、独裁者争权夺利，国家不可避免地陷于权力纷争。在民生凋敝、列强分割的险恶处境中，大学难以置身其外，加之传统之保守力量，可以想见，大学的成长何其艰难。独立于世俗之外，静心于象牙塔，只服从科学真理的大学理想何其缥缈！

但是，任何一项符合历史规律的新事物，都会展现它的生命力。在变革维新的背景下，在新的士绅、城市新知识群体等知识精英的努力下，西方大学学术制度雏形终究在古老的中华大地上形成，塑造了新的知识、新的青年、新的风气，为民族国家之救亡图存立下不朽之功勋。中国近代大学为民族国家的塑造作出了自己的贡献。

第三节　自由与控制的张弛博弈

纵观近代中国高等教育史，我们不难发现，自由与控制之间的张弛博弈是民族国家进程中中国近代大学表现出来的一个时代特征。

一、川大发展进程中的自由与控制

如前所述，在国民党中央势力入川之前，川大的校长任免和办学经费都主要掌控在四川军阀手里。蒋介石视察川大之后，国民政府开始直接掌管川大，川大经费列入国家财政预算，校长由国民政府教育部直接任免。及至抗战时期，更是施行战时教育政策，校长由国民党要员出任。

但是，不管是军阀还是国民政府统治时期，川大师生都为了大学的自由发展而进行了抗争，其中"索薪罢教运动""反对变卖皇城校产""拒程运动"都具有典型意义，为我们思考自由与控制之间的张弛博弈留下了广阔的空间。

（一）索薪罢教运动

1922年，为争取教育经费独立，四川省教育界在成都举行全川教育大会，要求将已作为全省教育专款的各地肉税收入直接交与教育行政部门使用，实行教育经费独立核算。国立成都大学成立后，按照四川善后会议决定拨款盐税作为办学经费，其他各校仍然从肉税中进行开支。然而，由于四川各地军阀割据，肉税被层层盘剥，甚至被截留为军费，大小军阀拒绝调拨肉税或进行克扣，年复一年，使得本有盈余的教育经费却长期支绌。到1927年秋，各校历年欠债已达数十万元，最后竟然困窘到无款开学的地步。四川省教育厅厅长万克明也不得不承认："至本年，则每况愈下，发给薪修几成，弦歌有断辍之虞，学校呈倒闭之象，瞻念前途，诚有不堪设想者矣！"①公立学校教职员的薪金没有着落，开学10余周，领得经费竟不足1月，有的学校竟然发"欠薪证"，一不兑现就成废纸，致使教员们啼饥号寒，生活无法维持。教员得不到工资，也经常不到校上课；学校因资金短缺不得不提前放假，教育事业濒临破产，终于在1927年爆发了教育经费独立运动。

1927年11月24日，几所高校的教职员工成立联合会代表教职员向省教育厅提出交涉："于11月26日再发一月半薪水，以维持生活，否则，从本月28日起，则实行罢课。"② 教师的行动得到学生的积极支持，学生纷纷走上街头，向市民揭露军阀截留教育经费，用以养兵打内战争夺地盘的罪行，要求实行教育经费独立，并决定28日全市学生实行同盟总罢课。这次索薪和经费独立运动得到学生和社会的广泛同情与支持，在强大的舆论和社会压力下，四川军政当局即刘文辉、邓锡侯、田颂尧几位军阀被迫于与12月5日召开了"教育经费独立会议"，电令各四川军阀将肉税拨付给各学校。至此，历时一个多月的斗争暂告一个段落。

（二）反对变卖川大皇城地产

"二刘大战"中，四川军阀刘湘打败了刘文辉，就任"四川剿总"，准备围攻川北红四方面军。1933年9月，刘湘召开军事会议，决议变卖川大皇城地产以作围攻红军经费。消息传出，立即遭到川大师生强烈反对，学校致函刘湘并报教育部，抗议刘湘此举危害四川教育，侵犯川大权利，并严正指出：川大乃国立大学，川大一切校产之产权属于国家，未奉国民党中央核准，四川军政机关均无权处置。军阀刘湘则全然不顾川大师生反对，一意孤行，为加速变卖，成立了四

---

① 四川大学校史编写组. 四川大学史稿［M］. 成都：四川大学出版社，1985：123.
② 四川大学校史编写组. 四川大学史稿［M］. 成都：四川大学出版社，1985：124.

川公产清理处进行拍卖。学校致函成都地方法院，控告清理处越权非法拍卖，全体学生则发布声明："川大校产若受暴力侵占变卖，川大学生誓死反对，凡在此基地上修建之墙垣房舍，吾人可以随时捣毁之，拆卸之，而不负任何责任。"① 学校同时致电南京国民政府行政院、军委会、教育部，强烈要求立即制止刘湘变卖川大皇城校产、摧残教育的不义行为。11月14日，国民政府教育部致电刘湘，要求维持川大现状，刘湘迫于各界压力，变卖川大皇城地产之事只好不了了之，变卖皇城校产事件以川大师生的胜利告终。

（三）"拒程运动"

1938年12月19日，国民政府行政院饬令四川大学代理校长张颐立即移交校政。川大老教授颇多，大多数人认为，国立四川大学乃西南最高学府，四川学者中有很多人具备校长资望，教育部"未免有视蜀中无人之嫌"，同时认为"政府当局以党官、政客主持校政，是置乖方"。② 因此，大多数教授主张拒程天放以示抗议，由朱光潜、魏时珍、董时进领衔，联合致电教育部、行政院，强烈要求收回成命，并有龚道耕、向耕、何鲁之、邓胥功、冯汉骥、刘绍禹等60余名教授签名。教授们的主张得到地方绅耆响应，金陵大学校长陈裕光、光华大学校长张寿镛、华西协合大学校长张凌高等均表示支持，以四川省政府主席王缵绪，川康军政当局刘文辉、邓锡侯、潘文华为代表的地方势力也暗中支持"留张拒程"。

12月20日，陈立夫复电四川地方绅耆，强调"维持原案"并声称："四川为今后抗战建国之策源地，川大实为西南培养人才之枢纽"，"委座对国立四川大学人选审虑周详"，"简命校长，权在政府"。他还训斥四川当局，"国府迁川，中央近在重庆，经行政会议通过任

---

① 佚名. 国立四川大学紧要启事[J]. 国立四川大学周刊，1933, 2 (4)：3.
② 《四川大学史稿》编审委员会. 四川大学史稿：第1卷（四川大学 1896—1949）[M]. 成都：四川大学出版社，2006：206.

命之国立大学校长，意不能顺利就任，有损中央威信，委座甚为震怒，责成四川当局协助解决"，蒋介石也亲自致电王缵绪、邓锡侯、潘文华，要求他们支持程天放。①

在"拒程运动"中，颇有意味的是，川大教授反对程天放的一个主要理由是程天放为国民党要员，必然会损害学术自由，"学术自由"成为教授们反对他为川大校长的旗帜。

另外，在川大发展过程中，吴玉章、张澜、任鸿隽等几位校长都注意到，大学在思想和学术上的自由对于高等教育的发展不可或缺。

吴玉章主张兼容并包，大胆使用人才。他十分注意广聘有新思想的教员来校任教。他反对学校重文轻理的积习，注意聘请国内著名的自然科学教授，如化学家张幼房、解析几何学专家夏崎、生物学家黄振国等。鉴于四川交通不便，风气闭塞，吴玉章积极主张派教员赴欧美考察。他在《呈教育部为派员出洋留学以资深造事》中说："欧战告终，世界思潮日新月异，科学进步大有一日千里之势，我国教育和教育人员不能不急起直追，期与列强并而驰。"派人"出洋研究精深之术"目的在于"为国家教育前途储备人才"。②

张澜学习蔡元培北大办学的一项重要内容则是主张"兼容并包，思想自由"。在国立成都大学的教师中，聚集了各种派别的人物，有国民党人熊晓岩、张铮、黄季陆，有共产党人杨伯凯，有国家主义派何鲁之、李璜，也有蜀学宿儒、新文化运动新派人物吴虞、李劼人等。他强调："大学为最高学府，包罗众有，学生对于各种主义之学说，均可尽量研究，以求真理所在。"③他支持新思想，鼓励青年上进，多次讲过，学生是社会骨干和国家栋梁，在学校不能只读死书，要学习古代太学生干预朝政的精神和风气，关心国家大事。在民主管

---

① 《四川大学史稿》编审委员会. 四川大学史稿：第1卷（四川大学 1896—1949）[M]. 成都：四川大学出版社，2006：207.
② 四川大学校史编写组. 四川大学史稿 [M]. 成都：四川大学出版社，1985：97.
③ 四川大学校史编写组. 四川大学史稿 [M]. 成都：四川大学出版社，1985：109.

理、教授治校方面，张澜通过《国立成都大学组织大纲》设立了校务委员会、教务会、教授会、各委员会。校务委员会是学校最权威机构，决定学校的重大事务，教授参与决策学校课程设置、学科发展等，这些都是张澜将蔡元培在北大的民主管理方式移植到国立成都大学的成果。聘用教师也要通过聘委会投票，避免了校长任人唯亲、大权独揽。在那个军阀混战、教育经费十分困难的年代，张澜多方力争，使经费从1926年的20万元增加到了40万元。为了用好这笔经费，张澜组织了财务委员会，由校长、教务长、总务长、3名教授代表和2名高级职员代表组成，制定章程和监督秩序。校务委员会通过的预算，每月向师生张榜公布。

任鸿隽一生抱定科学救国、教育救国的理想和宗旨，尽管他的国立化措施有强烈的国家主义取向，并围绕"国立化"和"现代化"、以服务民族国家利益为宗旨目的对四川大学进行了一番大刀阔斧的改造，但是他对大学现代化的要求则更多指向思想和学术自由。

综上所述，自由与控制的张弛博弈，构成民族国家进程中以川大为代表的中国近代大学的主旋律。

二、近代大学的学术自由与中国语境

何谓学术自由？一直是争议较大的问题。一种代表性定义是指大学在政府或教会许可的范围内有教学、研究和学习的自由，即大学的教师和学生在探求真理的过程中，可以自主解决学术上的事情而不受学术范围以外的政治、宗教等社会因素的干扰；另一种代表性定义则是指学术组织及成员免于某些强制而从事学术活动的自由，是一种思想自由和表达自由。

有人认为，以古希腊苏格拉底为代表的哲学家的教育和学术活动是学术自由的最早形式。学术自由本质上是思想自由，是学者在内心自由状态下对真理的自觉追求，意味着学者的学术研究活动不盲从任何权威，不受任何外在因素和压力的干扰。也有人认为，欧洲启蒙运动思想家提出的人权自由、公民言论自由等各种思想自由主张已经蕴含着学术自由思想的意味。还有人认为学术自由是中世纪大学特权的灵魂，中世纪大学的"学术自由"属于大学自治的范畴。中世纪大学的学术自由主要表现在大学作为一个机构整体所拥有的特权方面，教师、学生个体的人身权利方面，以及"辩论式教学形式的主要承载形式"。但是，由于中世纪大学的特权主要是处理大学与世俗政权、教会、城市等外部社会因素的关系，而不是大学内部学术活动的权利与责任、思想与信仰等问题，以及大学受到教会和世俗政权、权威与信仰的束缚。所以欧洲中世纪大学自治也不是真正的学术自由。多数学者认为19世纪德国柏林大学首先提出了学术自由的原则：明确地把学术自由作为大学的基本原则，是19世纪在德国完成的。柏林大学将学术自由作为办学的基本原则，实行教学自由、研究自由、学习自由，成为现代学术自由思想和实践的策源地。[①]

人类社会为什么需要学术自由？通过对其合理性的辩护，学术自由不至于成为一种特殊社会阶层的特权，而成为全社会所应该尊重和维护的一项基本的社会和个人自由。学术乃天下之公器，乃天下人的福音，从这个角度来说，任何有助于学术进步的原则，都是值得提倡和维护的。学术自由就是一种旨在保护学术进步、造福天下苍生的思想和行动原则。学术进步的内在逻辑在于学者们在从事学术研究的过程中必须始终保持思想和行为的自由状态，而不能顺从于外在权威，知识的"试错"及纠正是在自由的讨论与辩驳中完成的，而不是依赖学术以外的力量的裁判或定夺。约翰·布鲁贝克（John Brubacher）认为，不能仅仅将学术自由理解为专业特权阶层自我服务需要的表现，而应认识到学术自由与增进公众利益之间的内在联系。正是通过学术自由，与人类公众利益密切相关的新知识才有可能出现。另外，自由的学术对于社会政治、经济、文化等领域的专制力量来说，始终

[①] 林杰. 西方知识论传统与学术自由[M]. 北京：北京师范大学出版社，2010：1-18.

持一种审慎的批判态度，对于整个社会的发展来说，也是一种必不可少的健康力量。从这两个意义来讲，学术自由绝不仅仅是一种来自学术行会的特权，而是整个社会应该确立和加以保护的一种基本价值。那种认为学者们呼吁学术自由只是出于自私目的的观点是错误的，其最终威胁到整个社会和人类利益的论调也是邪恶的，学术自由的必要性也是言论自由在科学研究活动中的具体体现。

大学之核心精神在于学术自由。学术自由者，大学之灵魂也。大学在本质上是一个学者的行会，是不同种族、性别、阶层的人在一起探求真理的组织。学术自由的实质是思想、表达和身心的自由，追求自由是大学的使命所在，自由是大学的根本特征。自由地教学、辩论、探讨、求知、探索、思考、学习，是教者的自由，也是学习者的自由。自由不只对大学师生之身心有益，也对整个知识的增长、整个人类的福祉有利。因此，对大学的自由目的不是少数人的利益，而是人类共同的福祉。

欧洲中世纪大学诞生以来，自由成为对抗教权、君权、世俗最基本的利器并具独特气质，大学也因此气质而生机无限，受到尊崇。然而，大学之自由尽管由其内在性质决定，但并非自然得来，而是在与教权、君权、世俗社会的对抗、斗争中而来，大学的自由史即是与各种权力斗争、各种控制力之间的博弈史。

近代中国大学尤其如此。诞生在崩塌覆灭的旧王朝和新的民族国家进程中的近代中国大学从一开始就是在权力控制和自由要求之博弈中成长。

民国初始，军阀纷争，无暇顾及教育却意外为教育赢得自由空间。此间教育救国、教育独立思潮风靡，为学术自由及大学自治争得了最大空间及可能性。蔡元培对北京大学的改革标志着中国传统高等教育向近代大学的转型，学术自由的观念开始为中国知识分子所接受并逐渐倚重。虽然蔡氏没有直接提及"学术自由"，但其"兼容并包，思想自由"的办学方针即是学术自由精神的体现。吴玉章、张澜均以蔡元培为榜样治理四川大学。

及至国民党在形式上统一中国，大学于此间甚至为统一之工具，即利用"国立化"作为"中央"控制"地方"的手段和象征。四川大学的国立化进程则清晰地反映出此特点。起初，师生们为争取经费，对抗地方军阀的干预而主动要求"国立"；而当"国立"真正实现后，尤其是国家统一后进行的"党化"又加强了对学校的控制，对学生自由与自治则重重限制。于是师生们再次与"党化"抗争，争取大学之独立与学术之自由，因此才有了拒绝国民党要员程天放的斗争。

抗日战争间，全国力量均动员起来，服务于抗战，高等教育迁往大后方，为民族国家保全学术文化。及至抗战后期，国民党又加强对学校和意识形态的控制，学术之自由几乎丧失殆尽。当时的西南联大因为地处边陲，在政治上与国民党中央政府保持了相对的隔离形式，但联大的"自由"也是昙花一现。在国民党"党化"教育和恐怖政策之下，学者的自由是没有任何法律保障的，闻一多被杀就是鲜明的例证。

在民族国家进程背景下，大学自治与学术自由之内在要求与政党、政治之干预控制交织，形成独特的自由与控制间张弛博弈之景象。

第六章　近代大学的困境与启示

众所周知,大学具有从事学术研究的基本职能和使命,没有学术的大学不能称之为真正的大学,对科学真理的独立而自由的探索才使大学有"象牙塔"的名声。从上千年传统书院的废墟上创建起来的中国近代大学,面临着对传统文化和西方近代科学进行传承、吸收、创新的艰难挑战和艰巨任务。作为一种学术组织机构,大学有其学术使命,即对科学真理的独立而自由的探索。

从前面几章中,我们可以清晰地发现,在民族国家进程中的中国近代大学身上,有着内在的矛盾和两难困境:在民族国家利益与近代大学的学术使命之间的矛盾和困境。

不管是梁启超主张的"开明专制",还是"九一八"事变后蒋廷黻、丁文江、钱端升等人在国家危急关头主张的新式"独裁"以及"战国策派"学人在战火纷飞的20世纪40年代热情宣扬"国家主义"以鼓舞抗战,在政治实践中,种种新旧"权威主义"都以国家之名取消或限制个人与学术自由。把国家建构与个人自由、学术自由对立起来的后果,是个人自由未得,国家亦未"现代"。由此,我们不得不追问:民族国家该走向何方?大学的学术自由理想何处安放?国家主义与学术自由怎样调适?同时,在全球主义、多元文化潮流的冲击下,国家主义和爱国主义的当代价值是什么?

第六章　近代大学的困境与启示

第一节　民族国家利益与学术使命之间的两难困境

象牙塔（Ivory Tower），原出自圣经《旧约雅歌》，本用来描述新娘美丽的颈项，但后来逐渐被用来代指大学和大学学者，引申为"与世隔绝的梦幻境地、逃避现实生活的世外桃源、隐居之地"[①]。然而，在民族国家进程中的中国近代大学，既无法与世隔绝来逃避现实，也无法找到一个世外桃源，困惑与迷茫是此时象牙塔内外处境遭遇的真实写照。

一、民族国家走向的塔外之困

人是生活在这个星球上最具智慧的生物，为免于自然状态下的恐惧、饥饿和孤独，人总是趋向于群居、结成团体、形成氏族乃至国家。关于国家起源的论述林林总总，本不是这里探讨的重心，而只是作为讨论民族国家的引子。

民族－国家（nation-state）是西方学者理解近现代国家的一个基本概念，字面上它是"民族"（nation）和"国家"（state）的结合，是自然的"民族"与人为的"国家"两种实体、两种要素、两种结构和原则的结合体，强调了国家权力和民族性相结合这一基本特征。诚如马克斯·韦伯所言，"无非就是民族权力的世俗组织"[②]。"所谓民族国家，就是建立在统一的中央集权政府，具有统一民族利益及同质文化的，由本国统治阶级治理并在法律上代表全体国民的主权国家。"[③]

尽管在现代英语中 nation 与 state 经常混用，但 state 一般侧重于

[①] 象牙塔 [OL]. https://baike.baidu.com/item/%E8%B1%A1%E7%89%99%E5%A1%94/35055? fr=aladdin.

[②] 韦伯. 民族国家与经济政策 [M]. 甘阳，李强，文一郡，等译. 北京：生活·读书·新知三联书店，1997：93.

[③] 宁骚. 论民族国家 [J]. 北京大学学报（哲学社会科学版），1991，28（6）：84-95.

国家含义的政治层面，指在一定领土范围的合法统治及权力机构——政府，以及其对外表现之主权；而 nation 则偏向于国家含义的文化心理层面，指在同一政府治理下的有共同历史、文化、习俗的国民或公民。

在古代氏族部落社会中，人们的认同依靠的是血缘、宗亲等生物因素。随着人们交往领域的扩大，共同的语言、历史、文化、宗教成为新的认同基础。再发展到以后，认同的基础就表现为共同的官方语言、法律体系、共同的政治愿望和诉求。因此，民族国家中的"民族"既是"文化民族"又是"政治民族"，民族的指向和愿望是建立拥有领土、人口、政府、主权的"国家"，依靠共同的语言、文化、宗教、历史"记忆"而凝聚成的"想象的共同体"，一个对外体现"主权"的民族国家。

概言之，"国家"离不开"民族"，而"民族"亦需要"国家"。国家需要民族的认同，民族的理想是建立一个单一或多民族（大民族）的国家。当二者体现出一种政治、文化上强烈的排他性的时候，就成了民族主义（nationalism）和国家主义（nationalism），此时两词意义相同，几乎可以互换。

民族国家、民族主义、国家主义紧密互动。简单说来，民族主义是民族的愿望和理想体现，其基本点是维护本民族的利益；国家主义是要求个人利益服从国家，其基本点是国家利益至上。仅有一个民族的情况下，民族主义就是国家主义。如果把多民族看作一个统一的大民族（如中华民族）的情况下，民族主义还是国家主义。在近代，民族国家需要民族（国家）主义实现对内凝聚力量、实现统一，对外宣示主权之目的。

1648 年的《威斯特伐利亚和约》不仅承认了荷兰、瑞士的独立，更从法律上承认了神圣罗马帝国境内 300 多个诸侯国的主体地位。世界主权论的中心原则简单明确，一块领土的统治者应该决定领土内的宗教。从此民族国家随资产阶级兴起和资产阶级革命成功滥觞于欧洲，并随资本主义在世界的传播而扩散到世界。

民族国家从诞生之初就产生了理论与实践的困惑。西方古典民族主义理论认为，人类的理想共同体就是民族国家，民族与国家的边界一致，每个民族应建立本民族的国家，即"一个民族，一个国家"，这是国家的合法依据，也是消除毁灭与冲突的根本。历史事实则是，很少有国家由单一民族组成，世界上2000多个民族也不可能都建立民族国家，于是民族认同又扩大到文化与政治认同。一个民族多个国家、一个国家多个民族则反映了这种困惑。

另外，民族国家既是政治领土原则的融合，又是历史文化原则的融合，但二者本身存在矛盾与张力。民族认同不等于国家认同，历史与现实中这种矛盾比比皆是。

民族主义和民族国家潜伏着冲突的种子。从某种角度上说是一种个人主义的延伸[1]，民族主义、国家主义总是先验地假定他人或是他国存在"负面的外在性"[2]，在民族国家利益最大化的价值取向下，民族国家极有可能发展为帝国主义。第一次世界大战时的法西斯国家，第二次世界大战时的德国、日本即是典型的例证。从某种程度上说，这也是民族国家、民族主义、国家主义发展到畸形顶峰的例证。

民族国家相对古老国家而言，是一种比较成熟有效的形式，但是正如尤尔根·哈贝马斯（Jurgen Habermas）所言，任何成熟的历史形态都将走向衰亡。[3]

民族国家发展到今天，时代背景已发生了巨大改变。跨国组织、全球主义已向它发起了强有力的挑战。但是，纵观古今中外，民族国家进程还在持续，民族主义、国家主义还有甚嚣尘上之势，认为民族国家将退出历史舞台的论断还为时尚早。那么，民族国家的未来又将走向何方？或许只有历史才能给出答案。

---

[1] 赵汀阳. 天下体系——世界制度哲学导论[M]. 南京：江苏教育出版社，2005：90-107.
[2] 赵汀阳. 天下体系——世界制度哲学导论[M]. 南京：江苏教育出版社，2005：90-107.
[3] 哈贝马斯. 包容他者[M]. 曹卫东，译. 上海：上海人民出版社，2002：126.

二、大学理想的塔内之惘

如果我们把德国的国家主义和柏林大学的学术自由理想作为近代中国的一次"理论旅行"的话，那么，近代中国大学成长的特殊历史语境就与这个"彼岸星空"愈来愈远。不管是国家主义的表现，还是国家与大学学术的关系，近代中国大学都呈现出自己的特色，也让我们进一步对国家主义取向的原因和影响作出反思。

"国家主义"（nationalism）是历史的产物，随民族国家而生，学理上是一个复杂而又难以辨析的概念，其思想最早可追溯到尼可罗·马基亚维利（Niccolò Machiavelli）、让·博丹（Jean Bodin）和托马斯·霍布斯（Thomas Hobbes）等人，其内容是推崇国家理性。国家有自身的利益，为了这个利益，国家或其代表可以采取任何手段和形式。国家的权威、权力不证自明，至高无上，不受限制。作为一种成熟的意识形态主要是19世纪德国思想的结晶，也是法国大革命的产物。约翰·哥特弗雷德·赫尔德（Johann Gottfried Herder）提出了国民精神和国民性的概念，约翰·戈特利布·费希特（Johann Gottlieb Fichte）把国家主义与文化民族主义结合，他们创立了一套国家哲学，主张由国家提供人类社会经济、精神的种种需要。黑格尔（Hegel）更是将上述理论发挥到极致。他认为，国家是建立在精神思想上的"绝对自在自为"的理性东西，视国家为个体"最终目标"，国家本身就是目的，个人乃至社会为国家而存在，是行进在地上的"神"，是个体本质与意义所在，给"国家"披上了神圣的灵光。

德国的国家主义学说深刻影响了东方的日本，日本国家主义结合天皇制很快发展为极端国家主义，在森有礼等人的推动下，建立了军国主义的教育体制，包括高等教育体系。

以民族国家面目出现的日本，依靠国家的力量击败了信仰天下主义、一盘散沙的中国。甲午海战的巨大震撼使中国的知识分子、政治精英认识到民族国家作为政治共同体成员效忠符号的巨大力量和意义，他们开始了培养民族国家观念的一场"化大众"运动。这个运动中，梁启超的贡献最大。他坦言，中国民众长期在封建专制之下，仅"知天下而不知有国家"，"知有一己而不知有国家"。[①] 中国民众效忠的对象是朝廷和皇帝而非民族国家，因此，传播现代国家观念，唤醒民族意识，重建国民认同成为梁氏的话语核心。五四之后，曾琦、李璜、余家菊先后赴法留学，更为系统地接受了国家主义思想，成立了中国青年党，以《醒狮》为其言论平台，形成了国家主义派。他们认为在内忧外患下，唯有国家主义可以救中国，倡导"用国家的力量"和"中国文化精神""陶铸国性""发扬国光""鼓铸国魂"，培养全民的民族精神。余家菊、陈启天还建立了国家主义教育学派，主张作为培养国民性、民族性，实现民族国家的根本手段，出版了《国家主义教育学》，主张收回国家教育权，学校包括大学均由国家主办、经营和管理。"醒狮"派的国家主义表达了追求民族国家独立、统一、富强的强烈政治诉求。[②]

因此，近代中国大学从一诞生就被笼罩在救亡图存的民族主义和国家主义之中，一开始就承担了沉重的民族国家的使命和期望。蔡元培亲自到德国，试图以柏林大学为蓝本，将欧洲古典大学移植到中国，拟定《大学令》，规定近代大学"研究高深学问"之宗旨。欧洲古典大学学术自由的理想也同样移植到北京大学，比如蔡元培提出的"兼容并包、学术自由"。

中世纪大学在与教权王权及市民的博弈中，教师行会、学生行会、学位等一整套制度建立起来，其核心是免于世俗权力和其他强权之干涉，从而实现大学自治和学术自由。此二者乃大学之基本特质，离开二者，大学空有躯壳，难名副其实。大学自治则从制度上保证了学术自由之实现，学术自由则从根本上保证了学术只服从于真理，服

---

① 梁启超. 饮冰室文集全编：第1册 [M]. 上海：广益书局，1948：14.
② 吴洪成. 试论近代中国国家主义教育思潮 [J]. 河北大学学报（哲学社会科学版），2007（4）：59—65.

从于自由意志之探索。而这种探索对人类整体利益有利、对社会整体利益有利、对理性认知有利。"象牙塔"是真理与探索的象征，是学术圣殿的代名词，是大学的崇高理想和终极追求。

德国近代大学的学术自由理想是德国启蒙思想的结晶。康德的"学者公开运用理性的自由"最早为学术自由奠定了理论基石，费希特关于学者的使命以及洪堡关于国家作用限度的阐述揭示了学术自由的内外条件。然而，德国大学的学术自由从一开始就离不开贵族统治阶级的恩赐。正如费希特演讲中所强调的，"这所新的大学"是在威廉三世的"慈爱关怀"下创建起来的，仍然依附于君主的影响中。国家主义的价值取向使民族国家的利益压倒了学术的自由探索，因此，在国家主义的关照下，不管是 19 世纪的德国大学，还是近代的中国大学，学术自由的理想始终如"远去的彼岸星空"那样，在民族主义、国家主义的历史语境下，显得那么遥不可及。

中国近代大学，由于国内外环境，尤其是中国特殊的政治、文化环境，其发展过程始终表现出时断时续、反反复复、左冲右突、无法独立，使其遭遇穿梭在象牙塔内外而尴尬、苦恼、困惑与迷茫。近代中国之民族国家进程独特而又艰难。从军阀割据到民国统一，从革命到战争、从传统到近代、从旧学到新学、从书院到大学、从旧儒到新知识分子、从传统士大夫到新型官僚和专业人员，全面动荡而深刻的社会转型，使近代大学烙上鲜明的时代烙印。

一方面，大学的宗旨在于"研究高深学问""造就硕学闳材"；另一方面又难免陷入民族国家进程洪流而随波沉浮。大学只是想守护"象牙塔"之理想，然而历史洪流却总是让她"树欲静而风不止"。不管是军阀时期的争取教育经费独立、连绵不绝的学生运动及"学潮"风波，还是贯穿整个民族国家进程的"教育救国"运动，国民政府总是试图通过国立化达到控制地方大学之目的，近代大学俨然成了各种政治、社会力量博弈的角斗场。国家主义的取向、政治力量的纷争、师生参与政治的热情及各种风潮使大学的"象牙塔"理想虚幻而缥缈，在民族国家利益与时代学术使命两难选择的困惑与迷茫中，大学的理想难以找到安放之所。

然而，"大学最本质的功能是一以贯之的，其主流价值是不可撼动的，大学与社会、与决策机构的边界始终是清晰可辨的。""发展学术这一学者的根本使命，更不会因为学者肩负的社会责任而被弱化或边缘化。学术独立是大学生命之本，本立而道生。自由探索是学术之源，渊远而流长。""只有更好地养护学术自由之精神，才能更好、更有效地为民族国家利益服务——洪堡爵士留给现代大学的一个命题，大概是最具启发力的命题了。"①

三、学术自由与国家主义的调适

近代大学在学术自由与国家主义的关系上还启发我们如下思考。

（一）支撑与遮蔽

如前所述，学术的发展离不开国家的支持。国家为大学提供经济和制度上的保证，使学术研究得以顺利展开。同时，国家也需要学术的支撑：一方面，国家需要学术研究的进步，以提高国家的经济和科技水平；另一方面，从社会科学的角度来说，国家也需要学者对统治合法性和统治方略的论述。学术自由恰好能提供学术的研究空间和氛围，从这个意义上说，学术自由与国家是相互支撑、相互促进的。但国家以强权为支持实施对社会的控制，即国家演化为国家主义时则阻碍学术进步与繁荣。相对于学术自由来说，国家主义显得更为强大。它不仅有国家实体的支撑，也可能受到国民的追捧，这时国家主义对学术自由的干预就构成强者对弱者的遮蔽行为，这种遮蔽行为表现为国家对高等学府的财政、学术事务等方面的干预。从历史上看，中世

---

① 一道观之. 学者的使命：自由探索还是国家利益，http：//blog. tianya. cn/blogger/post_read. aspBlogID= 823087&PostID=37660181.

纪时期，高等教育或大学都受到当时统治者的控制和影响。尽管中古的大学在欧洲不啻是一盏盏的明灯，是西方知识的中心，但是，中世纪是宗教的世界，大学是教会的附属品，大学教师几乎全是僧侣。在他们的脑中，世界只具有一种意义，学术研究的目的应该是如何来诠释这套意义，从而在学术研习上不可能有今日所言的自由可言。但自由的思想却不会因此而消失，因此13世纪以来，宗教法庭对异端思想的迫害罄竹难书。①

国家也要调整在学术自由问题上的角色。在学术自由的建设过程中，国家主义的因素必须合理调适。国家与大学的关系模式必须遵循相应的原则。政府决不能干涉高校中个人的教学、科研的学术自由；国家在干涉大学自治权的问题上，不能危害大学学术的自由进行；国家应该具有既满足国家需要，又满足高校自治的能力。国家权力在学术研究中作为"守夜人"存在，既有利于学术研究的顺利展开，也有利于学术成果的顺利转化。对高等教育机关的介入遵循法律轨道，既是对学术自由的尊重，也是合法性国家行为的体现。可问题在于，国家保持介入高等教育领域的程度的方式本身是非常具有弹性的。不同的国家、不同的意识形态在规定国家介入上是不同的，对高等教育机构的影响也不同。学术自由为国家、为民族服务并非意味着国家对学术自由的控制和摆布。学术自由为国家服务应该包含这样的意义，即科学研究调整国家的发展方向，使之保持正常、良性的发展。知识分子作为社会良心的同时，必须成为国际的、世界的良心。正是由于学术自由需要国家权力的保护（学术自由的政治论基础），而学者们所研究的学术方向（学术自由的认识论基础）又常常会与国家权力发生冲突，因此学术自由的发展史是漫长而又崎岖的。制度形态的学术自由并非同大学与生俱来，而是现代社会的产物。从这个意义上说，国

---

① 张海新. 论柏林大学的学术自由与国家主义 [D]. 长春：吉林大学，2005.

家对学术自由的干预也包含大学教授对国家主义的认可与推动。①

（二）和谐与调适

学术自由与国家和平共处是可能的。这种平衡当然需要学术自由的主体——教授同国家相互谅解与合作。对学者来说，应该建立这样的认识：学术自由即使不是国家的造物，至少在一定程度上也是由国家一手提携起来的，它是国家的一个无须证明的框架。从认识论的角度看，学术自由是科学探索、真理追求的需要，但科学认识和真理探求本身的真谛是服务社会、造福人类，而社会、人类并不是抽象的，都必须与国家、与政治发生关系。从道德论的角度看，权利和义务从来就是不能分割的对立统一体，学者在享有学术自由的同时，还应该承担起自己对社会的责任和义务，必须"在学术自由的原则上，我们要加上同样重要的言论负责的原则"。除法律对学术自由提出的限制之外，诸如政治的、经济的、宗教的、文化的、价值观的等因素都或多或少地对学术自由加以限制。譬如教学自由、研究自由，人只能在自己所熟悉的专业范围内选择有限的教学和研究的自由；否则，其教学和研究就必然会危害学生及学术的发展。

近代以来，随着国家主义作为民族国家的基本理念的勃兴，国家对社会事务的干涉、控制成为国家建设的自觉行为。国家成为社会科学不容论证的边沿和容器。因为国家政体的差异，国家主义的行为可能有所不同。同时，国家控制还受到国民的自由意识等因素的影响。就学术自由而言，国家控制还受到教授主体的自由要求、实践自由的能力等因素的制约。②

---

① 张海新. 论柏林大学的学术自由与国家主义 [D]. 长春：吉林大学，2005.
② 张海新. 论柏林大学的学术自由与国家主义 [D]. 长春：吉林大学，2005.

第二节　国家主义教育理想及其现实意义

近代大学的国家主义取向也可称之为国家主义的教育理想。尽管在国家主义取向下，近代大学面临民族国家利益与学术使命之间的两难选择，遭遇着困惑迷茫，但从历史语境和民族国家利益的角度看，国家主义的教育理想有其历史必然性和现实合理性，爱国主义的精神仍然有它的当代价值。

一、国家主义教育理想的必然性和合理性

国家主义取向在中国的出现就如同政治学领域中国家主义的出现一样，有其历史必然性与现实合理性。20 世纪初的中国，已经饱受西方列强欺侮蹂躏半个多世纪之久，内部各种政治势力的争斗更进一步加剧了对外关系中的弱势地位。对外争取独立和尊严，对内追求统一与和平，成为那一时期中国政治生活的主旋律。各派政治势力，不管真提倡也好，假拥护也罢，都高举国家主义的旗帜，以达到推销自己的政治主张、凝聚群体力量、赢得民众支持的目的。这种社会历史境况，正是国家主义教育取向的温床，与近代以来欧洲各国以及亚洲的日本等国的国家主义及国家主义教育取向的产生路径完全相同，也与民族国家发展进程完全吻合：在王朝国家向民族国家转变的历史语境下，在民族国家的进程中，近代大学与西方教育体系一起被移植到近代中国；在列强的欺辱下，民族主义被彻底激发，并贯穿于整个民族国家进程的始终。

德国和日本因教育、特别是高等教育而崛起的神话，刺激着近代中国政治精英和知识精英的神经。大学成为救亡图存、构建民族国家的重要对策和基本途径，被赋予国家主义的理想："清末新政"试图通过废除科举、创办新式大学来避免王朝覆灭的命运；军阀混战和国民政府统一运动期间，大学国立化成为国家统一的手段和象征；抗日

战争时期，大学更是成为民族文化保存和复兴的种子。近代大学与民族国家的命运紧紧地联系在一起而不可分割。国家主义取向成为近代大学的根本价值取向，不管是当时的"教育救国""教育建国"还是后来的"教育兴国""教育强国"，他们都是国家主义取向在民族国家进程中应对时局和困境的反映。因此，国家主义的教育理想既有其历史必然性，又有其现实合理性。[①]

二、国家主义教育理想的当代价值

民族国家作为国际关系的主要行为体，是历史发展的产物，是随着资本主义的萌芽，由政治、经济、技术和宗教等因素结合在一起相互作用而形成的。《威斯特伐利亚和约》在民族国家的发展史上是一个里程碑，第一次确立了国家主权原则，适应了民族国家产生发展的潮流。民族国家的建立和发展经历了威斯特伐利亚体系、维也纳体系、凡尔赛—华盛顿体系和雅尔塔体系，每个体系都有其不同的特点。影响民族国家发展的主要因素包括经济、主权和民族主义。经济是民族国家发展的基础，生产力尤其是科学技术发展是民族国家发展最根本的动力。主权是民族国家的核心，是现代国际法的一项基本原则，民族国家争取独立、维护主权的斗争风起云涌，全球化背景下主权也面临着挑战。民族主义是推动民族国家发展的重要因素，世界历史的伟大进程中，民族主义发挥了强大的作用。但民族主义是一把"双刃剑"，需要正确对待。全球化时代民族国家面临诸多困难和挑战，同时由于国际政治经济旧秩序的影响，各个民族国家的发展存在差距。民族国家的建立和发展是历史发展的必然趋向，民族国家将是现代国家政治努力的目标。

今天，世界形势已经发生了深刻变化，国家主义也似乎淡化，全球主义、个人主义更加流行，多元文化受到推崇，国家主义、爱国主

---

① 石中英. 20世纪教育中的国家主义：回顾与讨论[J]. 教育学报，2011（6）：3—13.

义在一些人思想意识中越来越淡化。但是，民族国家依然是不可取代的共同政治组织形式和国际政治单元，对内加强认同，对外争取国家利益始终是民族国家要实现的目的。建设现代国家，始终是摆在中华民族面前的一个紧迫而现实的任务，是中国近代史的一条主线，即民族国家进程始终还在路上。经济全球化条件下，国家仍然是本民族整体利益最具权威的代表。在经济全球化时代，民族国家的形式并没有过时。我们所处的时代仍是经济全球化趋势与民族国家并存的时代。只要国家存在，爱国主义就有其坚实的基础。只有继续高举爱国主义旗帜，才能使每个民族国家，乃至整个世界获得共同发展。这是因为：第一，在经济全球化条件下，国家仍然是民族存在的最高组织形式。国家的产生是民族和文明发展成熟的标志。国家不仅能够凝聚民族的意志、代表社会成员的利益、动员全民族的力量、规划全社会的未来，而且是本民族整体利益的最高代表者。尽管经济全球化使国家的部分职能也处于变革之中，但是，国家作为民族存在的最高组织形式没有变，国家作为民族整体利益最具权威的唯一代表者的地位和功能没有变。在今天的世界，哪个民族削弱了国家的地位和能力，哪个民族便将面临毁灭性的生存危机，这已被当代世界历史所证明。第二，在经济全球化条件下，民族国家仍然是国际社会最强大的独立主体。经济全球化对民族国家的主体地位和功能提出挑战，全球主义与区域主义（区域性经济联盟）挑战国家的主权。民族国家的权力开始发生变化，一部分转移给世界性经贸组织，一部分转移给基层民主。但这并不意味着民族国家主体地位的削弱和消失。今天的国际社会架构仍然是以民族国家为基础的，以民族国家为国际社会的互动主体。无论是区域性的经济联盟，还是跨国公司，都不具有民族国家的主体地位，民族国家依然是国际社会中最强大最具权威的无可替代的主体。无论与一个国家内的何种组织和个人做何种交往和互动，都必须首先与这个国家打交道，并征得它的认可，否则一切都不可能。第三，在经济全球化条件下，国家是促使经济全球化正常发展的最具实力的制约力量。今天,民族国家仍然是国际社会主体间最具权威的相互制约和抗衡力量。经济全球化是一种世界发展的客观趋势,但是经济全球化的进程和事件却不可避免地受大国的影响和控制。经济全球化在为各民族国家提供发展机会的同时,也为某些西方发达国家借机控制世界、控制他国、窃取他国利益创造了机会和条件。目前,某些西方发达国家企图控制经济全球化进程、实现本国利益的趋势日益明显。在这种情况下,国家仍然是维护本民族权益、抗衡大国控制和掠夺最具实力的权威力量,而这种抗衡大国控制经济全球化进程的权威力量是任何其他组织所不具备或不完全具备的。经济全球化条件下,某些西方发达国家认为,冷战结束以后,中国的综合国力发展迅速,中华文明在世界上的地位和影响力上升,已经成为其潜在的竞争对手,所以企图遏制中国,继续分化和西化中国的战略始终未变。

上述情况告诉我们,在经济全球化的条件下,为了建设中国特色的现代化,实现中华民族的伟大复兴,并为世界和平、正义与发展作出贡献,我们必须弘扬爱国主义精神,努力使中国强大起来。同时,这一目的也要求民族国家的大学,特别是国立大学为其民族国家利益服务,这一要求也有其现实合理性。大学理所当然地具有了为民族国家服务的目的和功能。"9·11"事件后,美国等西方国家都纷纷加强了国家主义教育,国家主义教育理想的旗帜仍然会在21世纪高高飘扬。[1]

不管是在晚清末年的保路运动和辛亥革命的斗争中,还是在北洋军阀统治时期的反帝反封建运动里,以及在抗日救国的激流中,四川大学师生都高举着爱国主义的旗帜,为了民族国家的命运,写下了可歌可泣的光辉篇章。回顾民族国家进程中中国近代大学国家主义取向的历史沿革,我们可以发现,四川大学在创建发展过程中所体现的国家主义取向具有典型性和代表意义。她与中国近代其他大学一样,都

---

[1] 石中英.20世纪教育中的国家主义:回顾与讨论[J].教育学报,2011(6):3-13.

是在一个特定的历史语境中创建发展起来的，与民族国家进程同步，被赋予时代使命，尽管遭遇了种种矛盾和困境，甚至有其局限性，但她始终在历史的洪流中坚守着民族国家独立和富强的国家主义教育理想，这个理想可以说就是中国近代大学之魂，是中国近代大学留给我们的宝贵精神遗产，值得我们继续坚守。

结　语

　　民族国家进程中的近代大学、近代大学的国家主义取向，以及这个讨论背景下的四川大学案例，都在试图为我们描绘一幅中国近代大学产生发展的图景。如果说历史是一面可以借鉴的镜子，那么，近代大学也可以成为我们理解当代大学、当代大学之"中国特色"的一面镜子。以1902年至1945年的四川大学作为案例，描述与分析民族国家进程中的近代大学的困境与国家主义取向选择，对我们理解和分析当代大学也具有一定的历史借鉴和启发意义。

　　首先，中国近代大学的国家主义取向合乎历史发展的逻辑。

　　在王朝国家向民族国家转变的历史语境下，在民族国家的进程中，近代大学与西方教育体系一起被移植到近代中国；在列强的欺辱下，中国的民族主义被彻底激发，并贯穿于整个民族国家进程的始终。德国和日本因教育特别是高等教育而崛起的神话，刺激着近代中国政治精英和知识精英的神经。大学成为救亡图存、构建民族国家的重要对策和基本途径，被赋予国家主义的理想；"清末新政"试图通过废除科举、创办新式大学来挽救王朝覆灭的命运；军阀混战和国民政府统一运动期间，大学国立化成为国家统一的手段和象征；抗日战争期间，大学更是成为民族文化保存和复兴的种子。近代大学与民族国家的命运紧紧地联系在一起，国家主义取向成为近代大学的根本价值取向。国家主义取向在民族国家进程中应对时局和困境的要求，大学则沦为这种要求的手段与工具。

　　其次，"民族国家""国家主义"本身有其自身难以克服的矛盾和历史局限性，需要反思。

尽管民族国家体系使欧洲和世界都走上了"现代"之路，但是民族国家主权和利益至上的思维方式和原则具有根深蒂固的排他性，也为近代欧洲和世界灾难性战争埋下了祸根。国家主义虽然可以实现对内凝聚人心，维护国家的秩序、统一和富强，对外彰显主权，与列强抗衡；国家主义教育可以动员国家力量参与整个现代教育体系的构建和发展，但是它们的负面作用也是显而易见的。正如斯格特（J. F. Scott）在《教育中国家主义的危险》一书中所说："在国家的保护下，时常也得益于政府的大力鼓动，教育中逐渐形成了国家主义的教条。这种教条所产生的有害影响甚至超过历史上的宗教教条。在和平时期，这种教条产生的影响还看不出来，但是，当面临战争威胁的时候，这种经由学校所强化的狭隘的国家主义教条就会成为点燃沙文主义的火种。如果人们分析任何战争发生的心理根源，就会发现这一点。"①皮科也在《现代中国的国家主义与教育》一书中敏锐指出："在大多数国家，经由学校系统反复灌输国家主义思想，人们形成了一种对待其他国家和人民的非宽容态度。这种态度明显阻碍了世界各国人民之间的相互了解与合作。"②正是在国家主义取向的支配下，英、法、德三个国家的历史教育都"充满了自负与自夸，都以带有偏见的立场来解读他国历史和战争根源，第一次世界大战都是被用来教导学生厌恶别的国家的主要工具"③，国家主义教育取向造就了德国、意大利、法国、日本等现代强国的崛起，也很快地蜕变为种族主义、法西斯主义、沙文主义和军国主义教育，对外主张侵略，对内实行极权统治，把本国和他国拖入战争泥淖，给本国和他国人民带来无穷的灾难。民族主义和民族国家潜伏着冲突的种子，从某种角度看，它是一种个人主义的延伸④，民族主义、国家主义总是先验地假定他人或

---

① 石中英. 20世纪教育中的国家主义：回顾与讨论 [J]. 教育学报，2011 (6)：3—13.
② 石中英. 20世纪教育中的国家主义：回顾与讨论 [J]. 教育学报，2011 (6)：3—13.
③ 石中英. 20世纪教育中的国家主义：回顾与讨论 [J]. 教育学报，2011 (6)：3—13.
④ 赵汀阳. 天下体系——世界制度哲学导论 [M]. 南京：江苏教育出版社，2005：90—107.

他国具有"负面的外在性"[1]，在民族国家利益最大化的价值取向下，民族国家极有可能发展为帝国主义，法西斯国家第一次世界大战的冲突，第二次世界大战时的德国、日本即是典型的例证，也是民族国家、民族主义、国家主义发展到畸形顶峰的例证。[2]

最后，民族国家与大学的关系问题始终是一个值得深入探讨的重大问题。

近代大学的国家主义取向也是造成大学系统受制于国家权力或政治干预控制，从而导致大学"行政化"的历史根源。西方的近代大学制度，虽然与中世纪大学有不可割断的渊源，但是它的复兴与发展和民族国家的兴起与发展是分不开的。也就是说，近代西方大学制度是西方民族国家世俗教育体系的一个部分，尽管它仍然高举着学术自由与大学自治的旗帜，有其独立性，但是毋庸讳言，从某种角度上讲，它是为服务于民族国家利益而存在的。按洪堡设计的"大学享有充分的学术自由""研究与教学相结合""通识教育"三原则建立起来的柏林大学，标志着现代学术自由的产生。魏玛共和国时期，学术自由得以合法化，学者对于敏感问题保持价值中立，使得国家权力有所顾忌，不轻易干涉大学事务，但是在后来的纳粹暴政之下，学术自由不堪一击。[3]

总之，中国近代大学在王朝崩塌之际被寄予救亡的厚望，在军阀混战时期，被作为民族国家统一的手段与象征，在抗日战争期间被作为民族国家保存与复兴的种子，民族国家利益与学术使命之间的两难困境构成了其内在矛盾，也反映出民族国家与大学之间的关系问题始终是纠缠不休而又值得深入探讨的重大问题。在全球主义、多元文化浪潮下，近代大学的国家主义取向和爱国主义精神仍然值得反思和挖掘，其价值和意义仍然值得解构和重组。

---

[1] 赵汀阳. 天下体系——世界制度哲学导论[M]. 南京：江苏教育出版社，2005：90—107.
[2] 石中英. 20世纪教育中的国家主义：回顾与讨论[J]. 教育学报，2011（6）：3—13.
[3] 林杰. 西方知识论传统与学术自由[M]. 北京：北京师范大学出版社，2010：162.

附 录

附录一：龙晦先生关于国立四川大学之"口述史"资料

龙晦先生，原名龙显明，生于1924年，四川广安岳池人，中学毕业于重庆市立一中，1944年考入国立四川大学法学院经济学系，1948年毕业。先后在四川师范学院、四川音乐学院、四川教育学院工作，曾任四川教育学院文史系教授、系主任。"文化大革命"时期，龙先生受到打击和迫害，但他仍然潜心治学，并由经济学转向古汉语、文字、音韵、佛学等研究，取得了杰出的成就。四川大学原教授、四川省博物馆原馆长王家祐先生在《巴蜀道教碑文集成》中评价其："龙氏昆仲，宿学功深，早播名于中外，普学术于寰宇，通三教之定慧，为开示之真师。兄讳显明，为吾同窗师兄，于佛学、敦煌学、文字、音韵、训诂，靡不赅通。弟名显昭，精通文史，学问博洽。蜀中二龙，诚不愧中华英杰，龙之传人。"龙先生精通中国古汉语、文字、音韵，又通英文、德文、梵文、蒙古文，在《世界宗教研究》《敦煌学研究》《文物》上发表过很多重要论文，曾与郭沫若先生书信往来，探讨学术。龙先生长期作为四川大学历史系、中文系的博士和博士后答辩专家，有《梵音花语》《龙晦文集》等著作行世。[1]

---

[1] 龙晦. 龙晦文集 [M]. 成都：巴蜀书社，2009：1.

附 录

　　我的老家在重庆大足石刻宝顶佛湾不远的地方，1992 年我大学毕业后不甘心做一名中学教师，曾醉心于历史和石刻考古，有幸认识了龙晦先生。后来到成都进修工作，离龙先生所住的四川教育学院不远，经常去看望老人，我们成了忘年之交，他对我这后生晚辈常常是鼓励有加，我常常为他的严谨治学、敦厚朴实、仙风道骨所感染。

　　2007 年，我去四川教育学院家属区龙先生的住所看望他，老先生刚从四川省图书馆查阅资料回来，我非常感动，对他说："龙伯，您 83 岁了都还在学习，我还不到 38 岁，我更应该学习，我要考博士。"2010 年 7 月，当我拿到西南大学高等教育学博士研究生录取通知书的时候，我随即到四川教育学院龙老先生的住所告诉他这个好消息，他也很高兴，当即就告诉我他也在研究高等教育、研究尊经书院，并给了我一些尊经书院的史料。

　　2011 年 3 月，87 岁高龄的龙先生因感冒、肺部感染和骨折住进四川大学华西医院，我和双流县委宣传部一位学中文的小伙子一同前去看望他，并告诉他自己过几天就要到西南大学教育学部参加高等教育学博士论文开题，对民国时候的四川大学很有兴趣，想请老人家给我讲述一些川大的往事，他欣然告诉我一些关于川大的过去，然而没有料到，当我清明过后从重庆北碚开题回来，龙先生竟然与我们永别了，今整理出当时他与我们交谈的文字，令人感慨系之。

一、关于尊经书院的几位人物

　　先生在《龙晦文集》里面专门谈道："尊经书院中出了经学大师廖平，廖平的经学凡六变，以第二变、第三变为最可观，而四、五、六变多为世人所诟病，他自己也说他的五变、六变乃哲学，非经学。因此研究廖学应先区分什么是他的经学，什么是他的哲学。总括起来说，廖先生使四川的经学研究达到了前所未有的高度，他的为人，没有像刘师培去参加筹安会，身败名裂，也没有像宋育仁参加宗社党还能致电要求保护熊克武，晚节仍是好的。如果说尊经书院办学有功，当然应该归功于薛焕、张之洞、王闿运的。薛焕死得早，张之洞后来名声显赫，官也做得大，尽管他管理关心尊经书院在四川仅有三年，但尊经书院的学生都要依附他，想一个前程。而张也要树立自己的体系，乐于接待招纳。我们花点功夫将王闿运作为教育家做了点研究。王是位好老师，但是清朝统治了中国二百多年，上下腐化，西洋各国兴起，船坚炮利，李鸿章惊呼中国千百年未有之奇变，他的知识结构适应不了这个亟须的伟大变革，因此在戊戌政变、辛亥革命、民国成立后都表现欠佳。这只有在'尊经书院与戊戌政变''尊经书院与辛亥革命'中再谈了。"

二、关于任鸿隽和川大国立化

"任鸿隽夫妇与胡适之关系很好，这在当时大家都知道。胡适之在当时国内的名气和地位堪比晚清民国时候的梁启超。任主掌川大给川人带来了很大的希望。他对四川大学的改革使川大耳目一新，四川大学逐渐有了赶上国内其他一流大学的势头，也开始受到蒋介石和国民政府的重视。他利用自己在国内政界、学界的地位，邀请了不少名人到川大任教或讲学，川大教职员工四川人的比例开始大幅度减少。川大在全国各地招收学生，不只限于本地和西南籍的学生。原来川大的校址在皇城，比较狭小，任校长上任后就开始规划扩大川大的校园。今天的望江校区就是他当年着手规划和建设的。任鸿隽校长虽然在川大的任职时间并不太长，但是贡献很大。他本人国学功底深厚，又在美国学习自然科学，抱着科学救国的理想，加上他与许多名人有私交，所以他给四川大学带来了很多新鲜空气，特别是打破了以往四川大学完全由四川军阀和四川人控制的封闭、狭隘、落后状况。你们说任鸿隽主导了四川大学的国立化，这个说法我是比较赞成的。"

问："任鸿隽把川大治理得那样好，是什么原因使他辞职的呢？"

龙："任到川大当校长，听说起初是受到川人热烈拥护的。1944年我考入国立四川大学法学院经济系，就听我的老师说起过这事。主要是他在外面聘请了很多知名教授，引起了一些原来的川大人和四川人的恐慌和不满。四川军阀刘湘认为他是蒋介石的人，不受自己掌控，也在暗中做坏。任鸿隽的夫人陈衡哲，她是个知识女性，新女性，留过洋，也在川大当教授，她与胡适之关系很好，在胡主编的《独立评论》上写了几篇说四川不好的文章，特别是说四川的女生甚至乐意给有钱人当小老婆，这个引起了轩然大波，遭到成都媒体的强烈批评，甚至有人到法院起诉她诋毁川人。后来越来越多的成都媒体加入口诛笔伐陈衡哲的阵营中，批评越来越尖锐，有的甚至成了侮辱性的人身攻击了。我们还听说成都的一家新闻媒体甚至说陈衡哲因为单相思胡适，想嫁给胡适，但是胡适看不上她，就只好嫁给了任鸿隽这个四川人，所以她就对四川的什么都看不上眼，觉得四川啥都不好，哈哈哈。话说回来，四川当时确实很闭塞，比起北平、上海、南京当然落后多了。比如成都很近的新津，地方口音很重，说天黑、天热说成"天好嘿哟，天好惹哟"，很多外地人都听不懂，哈哈，确实显得很封闭，很土、很落后。但是，四川人自尊心又是很强的，你这样说四川的不好当然会带来激烈的反对。后来甚至也牵连到任鸿隽，开始批评他的不对，报纸上也越来越过分，任鸿隽当然招架不住了，估计又有刘湘的势力在背后推波助澜，所以任鸿隽愤然提出了辞职。但是，任鸿隽对川大还是有感情的，很多人挽留他，他后来通过中华文化基金会为川大请来了很多知名学者来讲学，给了川大经费上支持，因此，任鸿隽为川大作了很大贡献，这也是川大人一直很怀念他的原因。"

三、关于黄季陆时期的四川大学

"我是1944年由重庆市立一中考入川大的。黄季陆当时是我们的校长，为人和蔼可亲。后来有人丑化他，但是黄季陆确实是个有成就的人。他后来到台湾地区做了国民党的教育部门主管、内务部门主管等，说明他是有能力的。黄对川大的贡献莫过于他英明地决定把川大由峨眉搬回成都。他修建完成了任鸿隽没有完成的望江校区,把川大办成了当时国内一流的规模庞大的一所国立大学。黄季陆是有眼光和远见的。""1939年川大搬到峨眉,一方面是日本飞机轰炸成都,川大皇城校舍遭到破坏,其实另外还有一个原因是当时的程天放校长极力主张迁校。因为以朱光潜为首的川大教授极力反对他当校长,认为他是国民党的党棍,积极推行党化教育。所以,程坚决主张迁校到峨眉,便于控制师生,与成都媒体隔离,免生是非。但是,峨眉山确实对于川大发展是不利的,交通困难,物资奇缺,气候潮湿恶劣。川大师生在峨眉山吃了很多苦,因此黄季陆接任校长后就决定搬川大回成都,立即得到广大师生的热烈欢迎。峨眉地方人士极力挽留川大,黄季陆为了求得他们理解,与他们一起喝酒,喝得酩酊大醉,被师生们取笑。学校里的上海人、江浙人喊黄季陆的时候,黄季陆三个字听起来像四川人说'忘记了',也成为大家的笑料。"

"黄季陆把川大从峨眉搬回成都望江校区,是有很大功劳的。川大当时处在抗战大后方,聚集了很多国内知名教授。随着抗战形势逐渐好转,国家也急需大量建设人才,黄季陆适时提出扩大川大规模,把川大建设成为有世界影响的一流大学,这在当时体现了他的眼界和胸怀。川大当时确实也得到迅速发展,各方面都有所进步。"

"我当时在国立四川大学法学院经济学系上学,一直到1948年毕业。当时,抗战胜利,全国人民都沉浸在胜利的喜悦之中,大学师生也都准备为国家富强繁荣贡献力量。但是,不幸的是国民党自身越来越腐败,国际国内形势发生变化,时局变得令大家越来越失望和不满,以致内战纷起,社会动荡不安,这些教训都是我们今天应该吸取的。"

讲到这里,老人家陷入了长久的沉思之中,往昔的岁月似乎在他的眼前一一浮现……

想到老人正住院,我们不敢久留,赶快辞别老人,离开了医院。

附录二：龙达瑞先生关于父亲的回忆录

为了知道一些更多的关于四川大学的"故事"，我请求龙晦先生的儿子、美国洛杉矶西来大学教授龙达瑞先生帮助，令人惊喜的是龙达瑞先生很快给我发回他为其父写的回忆录的邮件。尽管关于民国时候的情况只有一小部分，更多的是回忆了龙晦先生在新中国时期的往事，我考虑再三，在征求龙达瑞教授同意之后，还是决定把它全文附录于后，既体现了历史的延续和走向，也通过龙晦先生这位老川大人的一生，从一个侧面反映出国立四川大学、川大人以及整个民族国家的命运兴衰。

忆 父 亲

龙达瑞

美国加州洛杉矶西来大学

父亲去世一年了。我一直想写一点文字，但不知道从何下笔。2011年底圣诞节前，我曾致信国学大师王利器教授[①]公子王贞平博士，言及父亲已经作古，我却至今未能从悲痛中恢复过来。贞平回信说，"想当年家父过世，弟颇有在学术上失去后盾，成为'学术孤儿'的感觉"。贞平鼓励我从悲痛中振作起来，必须在学术上成人，独当一面。

---

① 王利器（1911—1998），四川江津人，著名国学大师，先后毕业于四川大学和北京大学。曾在北大等大学任教。1954年调入人民文学出版社文学古籍刊行社后，着力于文学遗产的整理工作。王利器先生的著作颇丰，另有单篇论文百万余字发表。1979年离休后，任中国社会科学院特约研究员和北京大学历史系兼职教授。

一、坚持学习

　　父亲一生酷爱学习,在音乐学院住的时候,我常陪他出去散步,有时他也会说到过去的事情。父亲在 20 世纪 40 年代末期,由于不满国民党当局的腐败,参加了川大的学生运动,被当局关押了三个月。父亲在监狱里,没有写悔过书,没有出卖朋友,后来被当局释放。当时川大黄季陆[①]校长对于被释放的学生,并没有歧视,还给与工作和生活上的方便,体现出相当的人情味。黄先生曾参加过孙中山先生的同盟会和辛亥革命,留学美国俄亥俄州立大学。

　　父亲记忆力过人。他在重庆市立一中读书时,英文老师是著名哲学家方东美教授[②]的夫人高芙初,她上课全堂都是英语,因此父亲的英文打下了很好的基础。市立一中的校长是朱汇森先生[③],很欣赏父亲的文才。父亲于 1944 年考入国立四川大学法学院经济系,师承彭迪先教授,他在川大学了德文,20 世纪 50 年代初学过俄文。到了音乐学院附中后曾教过数学、英文和俄文。音乐学院的好处是,业余时间是自己的,学音乐的学生都注重演出,没有升学压力。这样在业余时间里,父亲能做自己感兴趣的事。他大概是在 20 世纪 50 年代初期清楚地看出,自己是没有办法回经济学界了。这时,他托岳池老乡吴劭先[④]老先生的介绍,拜四川大学文科研究所的张怡荪教授(1893—1983)为师,改治音韵学,这不啻走的是乾嘉学派的路子。

[①] 黄季陆(1899—1985),名陆,字学典。四川永宁(今叙永县)人,早年参加辛亥革命,留学美国俄亥俄州立大学,硕士,曾任四川大学校长,并曾出任教育部长。洛杉矶的一位四川朋友告诉我,他的母亲,同为川大学生,大概他们都是川南人,黄贵为国立四川大学校长,没有架子,却能与学生话家常。

[②] 方东美(1899—1977),安徽桐城人,中央大学哲学系主任,教授,中国著名哲学家。

[③] 朱汇森(1911—2006),江苏南通人,国立中央大学教育系毕业,1949 年后去台湾地区,曾任台湾地区的中国历史馆馆长和教育部门主管。20 世纪 90 年代后,父亲曾托美国朋友给朱先生去信表示问候,希望在有生之年再聆听老师的教诲,老师回信也表示期待海峡两岸学者互访能在彼岸接待父亲,但说此事很难,"如俟黄河水清"。

[④] 吴劭先(1893—1967),四川岳池人,曾参加辛亥革命,任过教育司长。

张先生原名张煦,四川省蓬安人,早年就读北京大学,参加过五四运动。年轻时曾写过驳斥梁启超先生①的论文,博得梁先生好评,二十多岁就任清华大学教授。中国社会科学院世界宗教研究所所长任继愈教授②和语言所所长丁声树教授③都曾听过张先生的课。他曾先后任教于北京大学、北京女子师范大学、清华大学、山东大学、四川大学等校。张教授与陈寅恪教授有过从,他从陈教授那里了解中国的藏学很落后,就立志要编撰一本《藏汉大辞典》④,后来回到了四川,创办了西陲学院。20 世纪 50 年代末期,中共中央同意他的请求,去西藏收集资料,完成《藏汉大辞典》的最后编纂工作,张老先生想带父亲一起去,无奈四川音乐学院不同意。张怡荪教授只好介绍父亲认识任中敏(又名任二北,任半塘,1897—1991)教授。任中敏教授也是北大毕业的,长期从事敦煌词曲研究,从此,父亲就开始做任先生的私人助手,开始了他长达半个多世纪的敦煌研究。

二、学术成就

父亲于 1971 年夏离开简阳军垦农场,回到四川音乐学院附中教书。是年底,多年中断的《考古》学刊恢复了,任中敏教授在邮局发现征订通知时就订了一份。中国科学院院长兼考古所所长郭沫若先生在第一期上发表了一篇关于新疆吐鲁番文书的文章。大约在 1972 年 4 月的一天中午,父亲躺在床上读《敦煌变文集》,父亲发现了郭沫若

---

① 梁启超(1873—1929),字卓如,号任公,广东新会人,中国近代思想家、政治家、史学家、文学家。曾与老师康有为一起参加戊戌变法。
② 任继愈(1917—2009),著名宗教学家,他曾任中国社会科学院世界宗教研究所所长。
③ 丁声树(1909—1989),著名语言学家,曾任中国社会科学院语言研究所所长,《现代汉语词典》主编之一。
④ 张怡荪教授从 1928 年开始着手编纂这部前无古人的《藏汉大辞典》,至 1964 年基本告成。"文化大革命"中被打入冷宫,几近被"枪毙"的状态。1977 年,年届 84 岁的张先生自知来日不多,为了《藏汉大辞典》的最后出版,他亲自向邓小平副主席写信,期望邓小平和中央领导出面干预《藏汉大辞典》的出版。此信通过极为特殊的关系抵达邓小平手中。邓立即表示鼎力支持,并转国家民族事务委员会乌兰夫主任和方毅副总理予以关注,《藏汉大辞典》的出版才提上日程。待到 1985 年《藏汉大辞典》正式出版时,张先生已经作古。

先生这篇文章中的错误，于是与任中敏先生商量，撰写了《卜天寿论语抄本后的诗词杂录研究与校释》一文，发表在《考古》1972年第三期。是年，郭沫若先生在《出土文物二三事》中还提到了这件事，并说，"承龙晦同志指正，仅此致谢"①。到了1975年，父亲又写出了《马王堆出土〈老子〉乙本前古佚书探原》，发表在《考古学报》上。这次唐兰教授对父亲的论文予以高度评价。唐兰先生是故宫博物院副院长、北大教授、中国科学院历史研究所研究员。父亲几十年来厚积薄发，音韵学的学问有了用场，多年来，这篇文章是马王堆佚书作者研究的里程碑。据说多次有博士研究生想在父亲的文章中找到破绽作为突破，而博士导师却劝年轻气盛的博士们还得读十年音韵训诂才能与父亲高谈阔论。

有了郭沫若先生和唐兰先生的评价，父亲终于有了进入历史学和语言学界的"门票"。1975年秋，国务院委托四川大学、武汉大学联合两省院校文史教授，协力编纂《汉语大字典》②，四川师范大学（当时叫"四川师范学院"）也参与其事。父亲这年做了一个手术，切除了一个正在长大有可能恶变的肿瘤。病愈后，父亲被借调到四川师范大学，参与编纂《汉语大字典》。这一去就是八年。这一年，父亲

---

① 郭沫若（1892—1978），四川乐山人。著名历史学家、考古学家、诗人、书法家、文学家。曾任中国科学院院长、历史研究所和考古所所长。见《郭沫若全集·历史编》第三卷（北京：人民出版社，1984年，第693页）。郭沫若先生的学术成就尤以考古和历史见长。据说他曾向三位对他的学术观点提出批评的学者致谢，一位是著名历史学家金毓黻（1887—1962），一位是北大教授，最后一位是父亲，而父亲的地位最低，仅为四川音乐学院附属中学教员。

② 从1970年起，中国与欧洲、非洲、南美洲诸国建立外交关系，遂派大使赴任。各国仰视我五千年文化的泱泱大国，纷纷赠送百科全书和反映该国文化的大型丛书，而我驻外使节却只能拿出中国小学生使用的袖珍《新华字典》回赠。大使们回国述职时纷纷向外交部和周恩来总理反映"大国家，小字典"的尴尬局面，"文化大革命"期间没有新编字典，十余年来只有一本袖珍《新华字典》在新华书店发行，该字典于1955年出版，后来多次再版，时停印，直到1972年才不得不重印，以满足国内中小学生之急需。除了中文字典外，同时国内也急需各种中外文字典工具书。1975年5月23日至6月17日，经国务院批准，国家出版事业管理局和教育部在广州召开中外语文词典出版规划会议，期望改变这一困境。是年8月21日，周恩来总理在病榻上签署了1975年137号文件，拟定了《1975年至1985年中外语文词典编写出版规划（草案）》，确定由湖北、四川两省编辑出版《汉语大字典》。并计划由全国高校和科研机构组织400余名专家，在10年内编撰出160部高质量的各类中外语文词典。

已经51岁了。

1982年，父亲已经58岁了，《汉语大字典》的工作基本结束，川师大主持《汉语大字典》的冉友侨教授升任川师大副校长。他比父亲长十岁，很想父亲到川师大工作。王利器教授也向任继愈教授推荐父亲，参与中国社会科学院世界宗教所的道教研究。北京也派了人来四川交涉。川大中文系也表示了意向。但是问题卡在我妹妹的工作调动上。由于20世纪70年代的那场上山下乡运动，所有的城市中学生下乡，妹妹没有抓住机会，1976年去了南充一所地区卫生学校，毕业后去了南充医院工作，女孩子年龄大了，婚姻也成了大问题，父母都放心不下。父亲下决心去一所能解决我妹妹工作调动的学校。这样，父亲和妹妹来到了四川教育学院工作，一晃就是三十年。

还有一个小插曲，唐兰教授曾来信询问父亲"师承何处"，记得父亲当时长叹一声，后来给唐先生回信说张怡荪先生和任中敏先生是他的老师。鉴于他的学术成就，几次四川大学校庆时，经济系、中文系和历史系都发出了邀请。他是经济系毕业的，照理应去经济系出席。了解他的学术成就的单位却是中文系和历史系，1982年父亲到四川教育学院后做过文史系的系主任。因此川大方面都以为父亲是中文系或历史系毕业的。

三、父亲留给我们的遗产

欧阳竟无先生（1871—1943）曾说过："悲而后有学，愤而后有学，无可奈何而后有学，救亡图存而后有学。不如是而有学，其施也不亲，其由来也不真，其究也无归，唐其智力精神。危乎冤哉！天下有如是学，吾其愈益悲也。"[①] 父亲的学习动力，究其本源，我想与

[①] 欧阳竟无，字镜湖，江西宜黄人，40岁之后改字为竟无，尊称为欧阳竟无先生，竟无大师，复兴佛教法相唯识学，是中国佛学研究的先锋。见《内学》第一辑，收于《内学杂著》上，载《欧阳竟无先生内外学》第十二册，1924年12月。又见郑晓江主编：《融通孔佛：一代佛学大师欧阳竟无》，北京：宗教文化出版社，2004年，第126页。

欧阳先生所说的"悲而后有学，愤而后有学"有很多相通之处。父亲年轻时生逢乱世，1944年进入四川大学时他选学经济学，希望了解英国经济学家凯恩斯和马克思的经济学说，以为经济学可以救世。20世纪50年代父亲进入中年后改治音韵学、敦煌学，一头扎进了传统小学和敦煌故纸堆中。他在治敦煌学时接触了佛学，为了弄通佛学，他又治学道家哲学和先秦诸子哲学，在老庄哲学中找到了慰藉，老子的"祸兮福之所倚，福兮祸之所伏"（《道德经》第57章）、庄子的"无用之用"对他影响极深。他经常步行或乘4分钱的4路公共汽车去位于城守东大街的四川省图书馆以及位于和平街的省图书馆的古籍部，直到省图书馆被迫关门。[①] 后来省图书馆开馆后，他是最早的读者之一。1968年初，他甚至还想过学中医，乘火车到夹江，当时因公共汽车不通，只好步行35公里到井研我五舅家去学了一个多月的中医。他的书柜里还保留着张毅先生1967年初在重庆书店帮他购买的唐代苏敬编著的《新修本草》，是书到了宋代失传，后来在敦煌和日本发现，以前用日本的本子翻印出版。该书对于他了解方音提供了宝贵资料。父亲晚年治佛学，受四川著名隆莲法师[②]之请，先在成都南郊铁象寺四川尼众佛学院教书，后来一直在峨眉山中峰寺峨眉山佛学院教书，退休后坚持佛学和敦煌研究，2009年巴蜀书社出版了《龙晦文集》，收集了他一生中三分之二的论文，受到了学术界的好评。他直到生命的最后一刻，都没有停止学术探讨。他病重期间，我和儿子专程从美国回来看望他。他在病榻上还给我们讲诵了辛弃疾和陆游的诗词。他的视野是宽广的，在他最后一年读过的书中有哈佛大学亨廷顿教授的《文明与冲突》的英文本、加拿大多伦多大学秦家懿教授的 *Probing China's Soul: Religion, Politics, and the Protest in*

---

① 各地图书馆在"文化大革命"中都被迫关馆，相当一段时期没有开馆。大概是在1971年底以后才有松动。

② 隆莲法师（1909—2006），出身于诗书世家，中年出家，拜能海法师学佛。曾参加过《藏汉大辞典》的编撰。1984年，中国唯一的一所国家级培养佛门女弟子的四川尼众佛学院成立，隆莲法师出任院长。

the People's Republic。

父亲给我留下了三笔遗产。一是我年轻时开始学习英文。二是我步入中年后，意识到需要攻读博士学位，通过他，我开始了佛学的研究。两次都是在许多人不读书的时候，我找到了自己的出路。三是做人要正派。从他对任中敏教授和张怡荪教授的态度，我看到了做人的榜样。

四、父亲留给我们的诗歌

2011年3月17日下午，这是一个难得的晴朗日子，我们与医生商量，待父亲输液完毕后用轮椅推他下楼去晒太阳。父亲显得也很高兴，我们坐在院子的长条椅子上，父亲反复讲了20世纪20年代康有为为吴佩孚五十大寿作的对联：

牧野鹰扬，百世功名才一半。
洛阳虎视，八方风雨汇中州。

牧野①是古战场，雄鹰在古战场上翱翔。洛阳是古都，各路英雄都要争夺的重地。掌握了洛阳，就掌握了中国的中心。此时，吴佩孚正是这样一个雄心勃勃的军阀。

父亲说，康有为对吴佩孚寄予了很大的期望，他送的这副对联是很有寓意的。父亲似乎很想与我们多谈一会儿。他闭眼养了一会儿神。又说，关于他一生所经历的时代，特别是他的中年时代，可以用吴伟业的《圆圆曲》和鲁迅的《无题》来总结。这一部分他已经写在回忆任二北先生的集子里。吴伟业的诗句是：

鼎湖当日弃人间，破敌收京下玉关。
恸哭六军俱缟素，冲冠一怒为红颜。

---

① 2012年6月21日，我来到河南新乡市查《永乐北藏》，新乡市图书馆对面竟是古代牧野战场，目睹景物，忆及父亲14个月前的谈话，感慨系之。

……

全家白骨成尘土，一代红妆照汗青。

诗歌为我们留下了丰富的想象空间。2011年3月21日下午，像往常一样，我和儿子来到四川大学华西医院病院看望父亲。父亲认出了我们，大概是午睡后，父亲精神很好。我们告诉他，负责治疗的周医生说，可以做些准备，让他出院。但目前天气不好，我们希望他清明节出院。父亲听到清明可以回家的消息，显得十分高兴。这时，父亲伸出了他的右手，吟诵了辛弃疾的《念奴娇》，他似乎很清醒，像是在给我讲解他一生坎坷的经历。我听到"楼空人去"时，突然有了不祥之感，难道我们真的会看到"楼空人去"的凄凉吗？父亲继续念到"旧恨春江流不断，新恨云山千叠。料得明朝，尊前重见……也应惊问，近来多少华发？"我明白了，父亲在总结他一生！此时，我不相信这是他的临终遗言。父亲似乎看出了我的困惑，又重新吟诵了一遍。我掏出纸笔，赶快写下了几句。我辈青年时代没有很好地读过中国古典文学，虽然也读过辛词，但这首词我却不熟悉。我知道家里有《全宋词》，我回家后就查到：

念奴娇

野棠花落，又匆匆过了，清明时节。
划地东风欺客梦，一枕云屏寒怯。
曲岸持觞，垂杨系马，此地曾经别。
楼空人去，旧游飞燕能说。
闻道绮陌东头，行人长见，帘底纤纤月。
旧恨春江流不断，新恨云山千叠。
料得明朝，尊前重见，镜里花难折。
也应惊问：近来多少华发？

第二天，达理妹去看望父亲，父亲又念了另一首陆游的诗，抄录如下：

世味年来薄似纱,谁令骑马客京华。

小楼一夜听春雨,深巷明朝卖杏花。

矮纸斜行闲作草,晴窗细乳戏分茶。

素衣莫起风尘叹,犹及清明可到家。

看来父亲是如此盼望着清明回家。他用诗歌的崇高境界,转达了他对生活的眷念,总结了他的一生。他没有留下遗嘱,却用歌给我们留下了他的精神。

附录三:1902—1945年四川大学历任校长一览表

当时校名	校长姓名	职务名称	任职时间
四川省城高等学堂	胡峻	总理	1902—1909年
	周翔	总理	1909—1912年
四川高等学校	骆成骧	校长	1912—1916年
国立成都高等师范学校	周翔	校长	1916—1918年
	杨若堃	校长	1918—1919年
	贺孝齐	校长	1919—1922年
	吴玉章	校长	1922—1924年
	傅振烈	校长	1924—1925年
	蔡锡保	校长	1925—1926年
国立成都大学	张澜	校长	1926—1931年
国立四川大学	王兆荣	校长	1932—1935年
	任鸿隽	校长	1935—1937年
	张颐	校长	1937—1938年
	程天放	校长	1938—1943年
	黄季陆	校长	1943—1949年

注:此表中的校长包括合并前的国立成都师范大学和公立四川大学前的专门学校历任校长。

附录四：四川大学各重要阶段院系设置一览

四川中西学堂：英文科　法学科　算学科

四川高等学堂：正科一部（文科）

　　　　　　　正科二部（理科）

　　　　　　　正科三部（医科，未办成）

　　　　　　　师范科　体育科　测绘科　铁路学堂

各专门学堂：师范科　　　　　英文科

　　　　　　经济科　　　　　法律科

　　　　　　农政科　　　　　农科

　　　　　　林科　　　　　　蚕科

　　　　　　采矿冶金科　　　应用化学科

　　　　　　机械科　　　　　经学科（门）

　　　　　　史学科（门）　　词章科（门）

1922 年国立成都师范学校时期

文史部　　英语部　　数学部

理化部　　博物部　　图画专修科

音体专修科

1927 年"三大"（国立成都大学、国立成都师范大学、公立四川大学）时期（未分校罗列）

中国文学院　　　　中文系　史地系

外国文学院　　　　英文系

法政学院　　　　　政治系　经济系　法律系

理学院　　　　　　数学系　物理系　化学系　生物系

工科学院　　　　　采矿冶金系　应用化学系　机械系

农科学院　　　　　农学系　林学系

教育学院　　　　　教育学系　体育专修科　艺术专修科

1938 年国立四川大学时期

文学院　中国文学系　外国文学系　史学系　教育学系

理学院　数理系　化学系　生物系

法学院　政治经济系　法律系

农学院　林学系　园艺系　病虫害系

工科学院（1935 年已并入省立重庆大学）

1945 年国立四川大学时期

文学院　　中国文学系　外国文学系　史学系

理学院　　数学系　物理系　化学系　生物系　地学系

法学院　　政治系　经济系　法律系

农学院　　农艺系　森林系　蚕桑系　植物病虫害系　园艺系
　　　　　畜牧系　农业化学系　农业经济系

工学院　　机械系　电机系　航空系　土木水利系　化工系

师范学院　教育学系

附录五：国立四川大学 1931—1949 年学生人数统计[①]

（单位：人）

年代	招生	毕业	在校学生
1931	499	410	1447
1932	538	228	1824
1933	143	280	1144
1934	172	281	983
1935	239	346	793
1936	310	330	636

---

① 《四川大学史稿》编审委员会. 四川大学史稿：第 1 卷（四川大学　1896—1949）[M]. 成都：四川大学出版社，2006：286-289.

续表

年代	招生	毕业	在校学生
1937	250	163	1295
1938	385	162	1200
1939	282	297	1376
1940	234	368	1177
1941	397	274	1405
1942	472	220	1261
1943	1015	406	3640
1944	1310	591	4256
1945	1088	456	3640
1946	1149	406	4595
1947	1232	1055	5989
1948	1334	1069	6405
1949	1167	1240	6171

主要参考书目

安德森，2005．想象的共同体——民族主义的起源与散布［M］．吴叡人，译．上海：上海人民出版社．

杜赞奇，2009．从民族国家拯救历史：民族主义话语与中国现代史研究［M］．王宪明，高继美，李海燕，等译．南京：江苏人民出版社．

费正清，费维恺，1998．剑桥中华民国史（1912—1949年）：下卷［M］．刘敬坤，叶宗敭，曾景忠，等译．北京：中国社会科学出版社．

胡昭曦，2006．四川书院史［M］．成都：四川大学出版社．

霍布斯鲍姆，2000．民族与民族主义［M］．李金梅，译．上海：上海人民出版社．

吉登斯，1998．民族－国家与暴力［M］．胡宗泽，赵力涛，译．北京：生活·读书·新知三联书店．

林杰，2010．西方知识论传统与学术自由［M］．北京：北京师范大学出版社．

凌兴珍，2008．清末新政与教育改革——清季四川师范教育研究［M］．北京：人民出版社．

龙晦，2009．龙晦文集［M］．成都：巴蜀书社．

罗志田，1999．权势转移：近代中国的思想、社会与学术［M］．武汉：湖北人民出版社．

《四川大学史稿》编审委员会，2006．四川大学史稿：第1卷［M］．成都：四川大学出版社．

石中英，2011．20世纪教育中的国家主义：回顾与讨论［J］．教育学报（6）：3—13．

舒新城，2007. 近代中国教育思想史 [M]. 福州：福建教育出版社.

王东杰，2005. 国家与学术的地方互动：四川大学国立化进程（1925—1939）[M]. 北京：生活·读书·新知三联书店.

王东杰，2012. 建立学界　陶铸国民——四川大学校长任鸿隽 [M]. 济南：山东教育出版社.

隗瀛涛，1990. 四川近代史稿 [M]. 成都：四川人民出版社.

沃勒斯坦，2013. 现代世界体系：第1卷　16世纪的资本主义农业和欧洲世界经济的起源 [M]. 郭方，刘新成，张文刚，等译. 北京：社会科学文献出版社.

后　记

　　此余当年之博士毕业论文也。六年有余，世易时移，自己的工作和学习都发生了较大改变。未出版的原因，自然是不满意之外，还有拖沓。今终修订出版，以了却心愿。

　　近来教育学界流行"口述史""教育人种志"，史学家的确也说过"每个人都是他自己的历史学家"。个人的生命历程、日常生活，似乎都可以解读出社会的结构和功能，透视出时代和教育的重大问题，重组编码出新的"意义"之网。当初我写此论文时，也多少抱有一点雄心，对此也深信不疑。后来发现自己阅读量太少，功力不够，力所不逮，正如答辩时崔老师所说显得"骨肉分离"。这几年远离高等教育学学术，即使是"夹生饭"，也只好作罢。保持原貌，似乎有自我学术史"谱系"价值，这样想来，倒是坦然不少。

　　时光匆匆，岁月蹉跎，转瞬竟至"天命"。然前景既不确定，命运也并不可预期。近五十的人，一般说来有较为丰富的个人生活史倒是真的。

　　我有一个非常幸福、常常回忆的童年。故乡是渝西一个四面是深丘的小山村。父亲是1960年的初等师范生，肄业回到家乡做了小学教师。母亲只读了一年初等师范，嫁给父亲后在家务农。我从小就有在父亲学校教室、办公室"游荡"而且被宠爱的"特权"。兄妹5人有4人都是父亲启蒙，我是最小的儿子，前面是一个大姐，两个哥哥，后面是一个妹妹。大哥于1982年，还未满16岁就中师毕业，成为父母的骄傲。我则是天资聪慧，记忆惊人，几乎能背诵所有的课文，数学应用题总是第一个做出来，因此被寄予厚望。直到高中时候成绩不再好了，父亲才逐渐降低了他的期望。

在我的记忆里，有一幅最美的图景：夏夜，在自家的院坝，铺上山上割回的还带着清香的柴草，再铺上竹席。父母摇着蒲扇，偶尔讲一段故事。我望着满天的繁星，心中充满无限的宁静和遐想，然后安然进入梦乡。后来看到凡·高关于星空的绘画，康德说"头顶的星空"，这幅图景立刻浮现在眼前。

"儿童的成长需要一个村庄。"故乡的山林水田，光影变幻，四季更替，自然界中的一切，以及整个村庄的老老少少构成的熟人社会，都成为那一代儿童成长的土壤和生活的底色，以至于这种回忆会陪伴我们度过往后可能乏味、困顿、孤寂的余生。

我清晰地记得：每到冬月、腊月，整个村子开始杀年猪，父亲教过的孩子家就依次请父亲去吃"杀猪饭"，我也跟着蹭饭，特别欢乐。是父亲这个乡村教师，还带我们进入了一个由文字符号描绘的另一个奇妙世界，以及由同龄人在学校一起规范地进行认知活动的"学校""教育"世界。除了课文，《三毛流浪记》《马兰花》《大禹治水》《少年文艺》都令人着迷，激发了童年无限的情感和想象。

可惜，天下没有不散的筵席。到了初高中，进入寄宿制学校，学习和生活都变得不自由、竞争、太有目的、无趣和痛苦了。"苦难"的中学时代就选择性地遗忘罢。直到前几年，偶尔还做高考的噩梦。身边不少大学同事，包括一些博士，竟然都有这样的梦境。

还是回到"口述史"主题来。高中毕业后，我读了师范学院，21岁那年，大学毕业回到老家县上的第一中学，当了高中班主任，任政治教师。其间曾想学习石刻考古，想跳槽到博物馆。1993年冬天，22岁的我，只身前往北京，在建国门内大街中国社会科学院8楼世界宗教研究所学习了两个月。回来后博物馆没有去成，却考到成都继续学习，之后在市区一所高中任教。此间，有了老婆孩子，为了调动妻子的工作，又一起来到成都郊县一所中学。再考上研究生，毕业后

后　记

借调到当地县委宣传部，从事地方党报的编辑和记者工作。其间，受到四川大学博导同学和博士师兄的鼓励帮助，终于圆了博士梦。

在地方党委宣传部工作的5年，让我完全跳出了教育的"狭小"圈子。我见识了不少的人、不少的事、不少的大"场面"。地方党报的职责就是党政的喉舌，引导舆情，为党政事业宣传，为地方百姓和社会经济发展服务。我们的主编、宣传部副部长常告诉我们，要"铁肩担道义，妙手著文章"。

我有写日记的习惯。除了梳理自己工作生活乃至情感，也是提醒自己，记录下这些"政治生活史"，也许能够透视一个时代的社会结构和功能。麻雀虽小，五脏俱全。一个县域地方政权的运作体系、方式、机制、特点，作为国家机器运行的部分，就是中国特色的社会政治生活中一个个生动鲜活案例。难道这不正是社会学、政治学的一手研究资料吗？教育难道不是这个大系统中的小系统，受它深深的制约和影响吗？

当我"沉浸"在宣传部报社工作的时候，多次面临进入党政部门或回到原单位的选择，因此，常常在"局内人"或"局外人"之间徘徊。党报编辑和记者的职业角色，也常常让我从"圈外"的视角审视和"旁观"，观察基层权力的运作，各阶层人们的生活方式、思考方式，同时，也反思教育系统在大的语境下有着什么样的底色？

我住的小区有一位西南民族大学的教师，尽管我们素不相识，也并不了解她的情况。但是，每次看到她从大学校园回到小区，超越世俗繁琐、藐视世间百态的风清气质，以及目光相遇的那惊鸿一瞥，令我内心震荡，羡慕不已。我在猜想：在所有的社会组织机构之中，唯有大学才是我们的引领者、精神栖居之地！于是立下了攻读博士、当一名大学老师、研究高等教育的志向。在一边工作、一边考取博士研究生的过程中，我亢奋不已，恍如梦中，动力十足，生活充满了明媚的阳光。诚然，自中世纪以来，大学就具备了自己的独立个性与气质。在教皇、君主、市民之间，大学总是超然出尘，卓尔不凡。"上帝的归上帝，恺撒的归恺撒"，大学的当归大学。

我的好友，四川大学法学院喻中教授（今在中国政法大学），多年前就告诉我，《中国社会科学》发表过一位青年才俊王东杰博士的文章，写的是国家和大学的关系，非常精彩，建议我看一看。当时我没有在意，直到后来看到他的《国家与学术的地方互动：四川大学国立化进程（1925—1939）》，如获至宝，深深吸引。博士论文选题和写作的时候，不免就依葫芦画瓢，未经许可，在不少地方就对其临摹，实行"拿来主义"。但愿这位素未谋面、景仰已久的才俊能够包容我这位不知名的后学，也在此深表谢意！同时对《四川大学史稿》编写组和帮助查阅《国立四川大学周刊》的四川大学档案馆表示由衷的感谢！

2013年，我终于来到大学工作，成了一名大学教师，转瞬也有7年了。在这7年里，我做过培训，当过管理人员，搞过行政，也从事教学科研，申报课题，参加调研，评了职称，参加各种学术团体和会议，在"圈内"浸润已久。

去年，一位我参加过她毕业论文答辩的年轻教师，颇为迷茫地问我，在校办当会议记录员，远离学术研究怎么办？我告诉她，做一个有心人吧，"你参加的校长办公会，哪怕是参会者的座位、发言、表情、神态，都可以窥视学术与行政权力的分配以及大学内部的治理结构"，"都可以作为你从事高等教育研究的材料，你都可以认真分析和解读它们"，她听了，立刻高兴起来。有了这样的心态和方法，作为一位教育研究者、社会科学工作者，无论身处何种处境，你都可以饶有兴致地面对社会日常生活，面对这些社会生活"现象"和"事实"。个人与社会，生活史与学术史、文化史、心灵史总是水乳交融，互为彼此。

谁还不会"讲"一点"故事"呢？讲故事或许就是作为"文化"的人类特有的爱好和能力。叙事既可作为叙事者的"资本"，又可作为研究者的"文本"。通过讲故事，人类才得以沟通、理解、认同和情感共鸣，才被定义为"一种悬挂在自己编织的意义网中的动物"，"文化就是这些网，因此关于文化的分析并不是一种寻找规律的实验科学，而是一种寻找意义的解释科学"（马克斯·韦伯）。四川大学的"故事"也会被一次次讲述和解读。这本小书也算是一次尝试吧。

无论成功也好，遗憾也罢，我都得感谢生命和学术历程中给予帮助的以下诸君：龙晦、龙达瑞、喻中、徐继敏、崔延强、周鸿、郑富兴、刘世民、张烨、叶通贤、夏应霞、姚茂斌、郭平、李巍，还有我的父母兄妹侄子等大家庭的亲人，以及我的妻子宋祥燕和儿子万利民，没有你们的爱护和包容，我的"故事"就无法继续。谢谢你们！爱你们！在此也特别感谢四川大学出版社陈克坚先生对本书出版付出的辛劳。

以此叙述和"故事"，聊作后记。

万 涛
2020 年 8 月于新津寓所